この本を手にとってくれた方へ

本書を手にとってくれたあなたは、シングルマザーですか？
シングルファザーですか？
または、シングルマザーやシングルファザーと恋愛中の人？
すでに再婚した人かもしれませんね。

結婚の４組に１組が再婚といわれています。過去の結婚で子どもがいて、再婚で結ばれる家族を「ステップファミリー」と呼びます。まだまだ日本では耳慣れない言葉ですが、離婚しても、前向きにまた恋愛をしたいと考える男女がたくさんいるのは素敵なことだと思います。再婚は今後、ますます増えていくのではないでしょうか。

今度こそ自分に合ったパートナーと、過去の失敗を教訓にして幸せな家庭を築きたいと思うのは、誰もが抱く気持ちです。再婚はゴールではありません。ましてや子連れの再婚は夫婦だけの問題ではないので、乗り越えていかなくてはならない困難がいろいろと出てきます。

でも、怖がらないでくださいね。しっかりと準備をしてのぞめば、がんばりがいがあって喜びが大きいのが、ステップファミリーです。

母子家庭だった私が、父子家庭だった夫と再婚することになりました。

最初はうまくやれるだろうとなんの不安もなかったのに、恋愛が進むにつれて、少しずつ、不安やストレスを経験することになりました。

再婚後の戸籍のこと、養子縁組のこと、継子の子育て、家計のやりくり、仕事と家庭の両立など、これまでの生活とは違って、迷うことがたくさん出てきましたが、教えてくれる人もいなければ、マニュアルもありませんでした。

私は手探りでいろいろと試した結果、事実婚からはじめ、入籍をして、ペーパー離婚をして、また事実婚に戻りました。夫の子どもたちと私との養子縁組は、意識的に選んでいません。

ひとが聞くと「なんで?」と思われることもあるようですが、自分なりに、わが家に合ったステップファミリーの育て方を、これまで6年間、考えてきました。

そんな私の経験をふまえて、これから恋愛して再婚する人がうまくやれるように、いま再婚生活に悩んでいる人になにか解決のヒントになればと思いながら、この本を執筆しました。

1章でふれますが、ひとくちにステップファミリーといっても、その家族形態はいろいろです。タイプが違えば、悩みも違います。私の経験を考えるきっかけにしていただき、どうか本書に書いてあることを生かして準備をして、幸せな子連れ再婚をしてほしいと思います。

せっかく築いたステップファミリーを途中であきらめることなく、継続してほしいと願います。

ぜひ、幸せになってくださいね。

新川てるえ

〈目次〉

2章 ステップファミリーの基礎知識……43

3章 ステップファミリーになる……59

6章 後悔しない新生活の迎え方……171

悩み相談Q&A

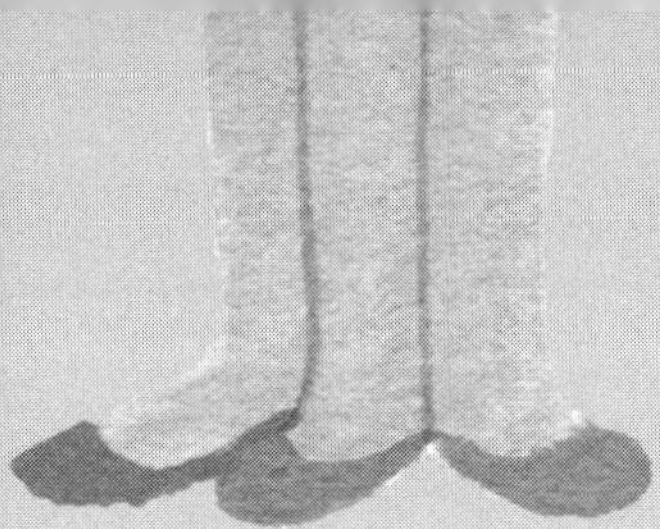

1章 再婚家庭、タイプはいろいろ

1 さまざまな形があるステップファミリー

●夫婦のどちらかに子どもがいる家族

私は4度目となる現在の再婚をするまで、ステップファミリーというのは子連れ同士で再婚する家族だけを指すのだと思っていました。だから、父子家庭の男性と再婚をしないかぎりは、ステップファミリーにはならないという間違った認識をもっていたのです。

アメリカのステップファミリー協会（SAA）は、「ステップファミリーとは、1組のカップルがともに暮らしていて、そのどちらか一方、あるいは両方に前回の結婚でもうけた子どもがいる場合の家族。（法的に）結婚している場合もあれば、そうでない場合もみられる」と定義しています。

つまり、ステップファミリーとひとことで言っても、さまざまな形があるのです。自分だけが子連れで再婚する場合もあれば、自分は独身で相手が子連れの場合もありますし、おたがいに子連れで再婚する場合もあります。また、入籍をしない事実婚の家族も含まれますし、パートナーの子どもが一緒に住んでいなくて元の配偶者のもとにいる場合でも、パートナーと子どもの面会交流があれば、ステップファミリーと呼ばれます。

●親も子どもも、初婚家庭とは異なる悩みを抱える

子どもを育てるということは、初婚の家族でも大変なことです。それがステップファミリーとなると、苦労は倍以上になります。継親も実親も、継親子関係におけるストレスを抱えており、一般向けの育児書では解決できない問題にたびたびつまずきます。

アメリカに比べて日本では、まだまだステップファミリーという家族形態が認知されておらず、初婚のカップルと違いはないと思われがちなので、周囲に悩みをわかってもらいづらく、また悩みを相談できる窓口や機関が少ないという問題もあります。周りの人に、再婚家庭であることをカミングアウトするのに躊躇《ちゅうちょ》するという人も多くいます。

問題を抱えてしまうのは、大人だけではありません。子どもたちも同様です。継親との関係はもちろんのこと、義理のきょうだいや祖父母との関係に悩む子どもたちも、たくさんいます。子どもには、大人以上に相談相手がいないのが実状です。

このように、ステップファミリーにはさまざまな家族構成のパターンがあり、ステップファミリーに特有な問題というものも、いろいろとあるものです。そこで、まずこの章では、いくつかのステップファミリーの実例を紹介しながら、それぞれの特徴や、抱える問題をみていきたいと思います。

2 自分にだけ子どもがいて結婚した家族

ケース1 直子さんの場合〈ステップファミリー歴10年〉

家族構成…妻・直子さん（46歳）、夫（35歳）、直子さんの子（男21歳）

●●●遠距離、年の差など、さまざまな障壁を乗り越えて

私と鈴木直子さんの出会いはかれこれ15年前。彼女がシングルマザーだった時代に、私が運営するＷｅｂサイト「母子家庭共和国」の仲間として出会いました。

「夫との恋愛は、遠距離、年の差、私がバツイチこぶつきと、どれで悩んだらいいのかわからないくらい、リスクの多いスタートでした」と語る直子さん。現在46歳の彼女が会うたびに綺麗になっていく様子に、再婚生活の幸せを感じます。

2人の出会いは直子さんが31歳、夫が20歳のとき。パソコン通信で、直子さんが息子のゲームに関する質問をした際に、彼がていねいに答えてくれたのがきっかけでした。「彼と出会ったころの私は、離婚を考えてはいたけれど、まだ既婚だったし、彼も20歳の浪人生。恋愛対象ではありませんでした」と直子さんは言います。

それからどちらともなくおたがいが好きになり、恋人同士になりましたが、東京と京都という遠距離恋愛で、おまけに11歳の歳の差があり、周りにも相談しづらく悩んだといいます。また直子さんには、彼のご両親に対する負い目がありました。直子さんは出産後に子宮摘出手術をしたため、子どもが産めない身体になっていたことでした。初婚の息子が、年上で子連れの女性と結婚するというだけでも反対されそうなのに、孫を産んであげられないことで思い悩んだのだといいます。

しかし彼は「俺はもともと子どもが好きじゃないから、いま１人いるので十分だし、血のつながりがなくたって家族になれるよ」と言ってくれました。彼のご両親はそんな息子の意思を尊重して、反対することなく、２人の結婚を認めてくれたそうです。

デートのときはいつも直子さんの息子も一緒に過ごしていたので、息子さんも彼のことを大好きになり、直子さんとお子さんで彼の取り合い状態だったとか。「ふつうは母親である私を取り合うものでしょ？　それなのに息子は彼が大好きで、彼と『早く結婚してほしい』と言ったくらいなんです。それが結婚を決めたきっかけでもありました」と直子さんは言います。交際から５年後に２人は入籍し、息子さんと彼は養子縁組しました。

●●●セメントベビーがいなかったから、うまくやれたのかも

現在は従業員が20人以上いる会社の社長として忙しく働く夫をサポートしながら、直子さん

自身も会社の取締役として働いています。

ちょっと意地悪な質問かなと思いながら「もしセメントベビー（＝ステップファミリーに新しく生まれる赤ちゃん／94頁参照）を産めたら、どうなっていたと思いますか？」と聞いてみました。

「いまになって思うことですが、セメントベビーがいなくてよかったと思います。もしいたら、彼は仕事を犠牲にしてまで子育てに協力するタイプではないですから、私にストレスがたまったと思うんですよね」と直子さん。

夫と息子とのかかわりは、仲の良い友だち同士のようでした。直子さんは「もう少し親らしく接してほしい」と感じることもありましたが、息子が小学生のころ、近所の人から「本当の親子じゃないのに仲良しね」と声をかけられたとき、息子は「血のつながりがなくても本当の親子だよ」と泣いて怒ったそうです。「息子が一番よくわかっています。親らしくなくても親子なんです」。直子さんは10年間を振りかえり夫への感謝を語ります。

たしかに直子さんが言うように、もしセメントベビーがいたら、夫に「もっと親らしく」と要求して感謝の気持ちを忘れ、夫婦の危機に直面していたかもわかりません。

長男が21歳になったいまは、夫婦2人で共通の趣味をもちながら、仲の良い関係が続いています。

ケース2 みち子さんの場合〈ステップファミリー歴5年〉

3度目の結婚当時の家族構成…妻・みち子さん（32歳）、夫（25歳）、みち子さんの子（女9歳・男1歳）

●●●なつかない継子に対するいらだちと、認められない努力

「自分が継母の立場になってみてやっと、元夫の気持ちがわかりました」と語る小川みち子さんは、4度の結婚を経験しているだけあって、魅力的でパワフルな女性です。

小川さんは31歳のときに、9歳の長女と1歳半の長男を連れて離婚、そのすぐあとに、7歳年下の男性と3度目の再婚。事実婚で、同居生活をスタートさせました。

まだ1歳半だった長男は、あっという間に夫になつきました。やっとおしゃべりができるようになったばかりで、パパと呼びはじめるのも早かったそうです。しかし9歳の長女は一緒に暮らしはじめた夫に対して反発していたといいます。「ママがどんなにあなたのことを好きでも、私のおじいちゃんとおばあちゃんは、あなたとママの結婚を許さないって言っていたよ」と、みち子さんがいないところで夫に意地悪を言ったりしました。

離婚から間もなかったこともあり、母親の恋愛を目の当たりにして違和感を抱いたのでしょうか。また、弟が屈託なく新しい父親になついていく姿を見て、自分だけが置いてきぼりを食らったような、寂しい気持ちになっていたのかもしれません。

夫はそんな長女の態度に耐えられずに、たびたびみち子さんにストレスをぶつけるようになりました。

「ケンカの原因は長女のことが多かったです。『俺がこんなにがんばっているのに、おまえはまったくわかってくれていない』と何度も言われました。言われるたびに私は『がんばらなくていいよ。子どもの親にならなくていいよ』と言ってきましたが、いま思えば逆効果だった気がします」とみち子さんは苦い思い出を語ります。

長女が9歳から13歳になるまでの5年間、この事実婚生活が続きました。もちろん楽しかった思い出もたくさんありますが、父親としてがんばりすぎる夫の気持ちが爆発することが多く、夫婦ゲンカが絶えない生活だったといいます。

●●●家族のなかにいて家族になれない孤独感

ある日、みち子さんの夫は野良猫を飼いはじめました。怪我をした猫でした。動物病院に連れていき、かいがいしく世話をしましたが、野良で育っていた猫なので、回復を待たずに家から逃げだしてしまいました。

それを知った夫は、血まなこになって猫を探しまわりました。挙げ句の果てに、ペット探偵を雇い、高額なお金を払って野良猫を探しだそうとしました。みち子さんが「冷静になったほうがいいよ」と諭すと「君だって、わが子がいなくなったら同じように探すでしょ？　俺にとっては、唯一の家族があの子（猫）だったんだ」と言いました。

当時のみち子さんは、夫がなにを言っているのかわからなかったといいます。4人でいるのに「自分だけ家族じゃない」と言い張り、「猫だけが自分の家族だ」とすねる夫に対して、うんざりする気持ちで聞き流すしかなかったそうです。

その後、さまざまな理由が重なって事実婚生活を解消し、その数年後、みち子さんは現在の夫と4度目の結婚をしました。夫はシングルファザー、おたがいに子連れ同士でした。

「自分が継母になってみて、初めて元夫のストレスに気がつきました。なかなか私になつかない継子と夫との親密さに、仲間はずれにされたような寂しさとストレスがありました。あのとき、もっと夫のがんばりを理解して、受けとめて励ましてあげられたら、彼も救われたかもしれません」とみち子さんは言います。

4度目の結婚から6年が経過したいま、今度はみち子さん自身が継母として生活していきます。過去にうまくいかなかった経験を教訓にして、幸せなステップファミリーを築いていこうとしている様子でした。

アドバイス　自分にだけ子どもがいて結婚した場合

●継親が継子をなかなか愛せないのは当然のこと

シングルマザーやシングルファザーが、未婚、または子どもがいない離婚男性や女性と再婚する場合が、このケースです。最初は、自分の子どもとパートナーと新しい家庭を築こうという希望にあふれて関係がスタートします。パートナーに対し「この人ならきっとわが子の良い親になれるだろう」と多少なりとも思って、再婚を決めたことでしょう。

しかし考えてみてください。あなたにとってかわいいわが子は、パートナーにとってはあなたと過去の配偶者とのあいだの子どもであり、できれば目を背けたいあなたの過去です。

先ほど紹介したみち子さんの話は、じつは私自身の経験談です。前回の結婚（事実婚）相手だった夫は「てるえがほかの男とセックスしてできた子どもを愛せるわけがない」と言ったことがあります。ケンカの腹いせにしても、ひどいいやがらせを言うな、と憤慨しましたが、いま考えるといやがらせではなく、彼の苦しい本心だったんだと思います。

彼もそうでしたが、多くの継親は継子をなかなか愛せないけれど「愛さなくては」と自分を責めて、必要以上にがんばっています。その結果、がんばりすぎて子どもに対するしつけが厳しくなりがちだったり、こんなにがんばっているのに誰にもわかってもらえないという不満をあなたにぶつけてきたりすることがあるのでしょう。

それに対してあなたが「子どもがいるのを承知で再婚（恋愛）したんでしょ？」などと考えているうちは、問題は解決しません。相手のがんばりを認め、きちんと話を聞いてあげましょう。そのうえで、子どものしつけは実親であるあなたが責任をもつことにしましょう。理想的なのは、叱る役が実親で、継親がかばう役にまわるかたちです。

●新しく子どもをつくるかどうか考えておく

新しいパートナーとのあいだにセメントベビーをつくるかどうかが問題になることもあるでしょう。私も長女を連れて最初の再婚をしたときに、夫が、継子である長女と実子となるセメントベビーを同等に愛せないのではと思い、それならば子どもはいらないと思い悩んだことがありました。再婚を決めるときは事前に話し合っておきたいことです。

2人のあいだにセメントベビーが必要なのか、必要でないのか。ベビーを迎えるとしたら、理想的な時期はいつか。不安があれば、とことん話し合うことです。お子さんの気持ちも大切です。新しいパートナーとのあいだに赤ちゃんが生まれるとしたらお子さんがどう受けとめるのか聞いて、話し合っておきましょう。実親であるあなたの責任なので、相手任せにはしないでください。

3　相手にだけ子どもがいて結婚した家族

ケース3　ゆみさんの場合〈ステップファミリー歴1年3か月〉

家族構成…妻・ゆみさん（40歳）、夫（41歳）、夫の子（女7歳）

●●●育児経験がないまま6歳の子の継母に

「6歳で出会った継子は、私にとってはまるで宇宙人でした」と語る高梨ゆみさんは、落ち着いた雰囲気の優しげな女性です。1年ほどまえに子連れの男性と入籍しました。

夫の子はお箸が使えず、フォークとスプーンでご飯を食べていました。嫌いな野菜はいつまでも食べず、好きなものだけ食べて、なくなるとおかわりを要求します。娘に甘い夫は、自分のお皿から好きなものだけを与えていました。夜は大人が起きているあいだはいつまでも寝ようとせず、眠くなるとグズグズ言う。歯磨きは朝だけ。

子育て経験がないまま継母となったゆみさんにとっては、びっくりすることばかりだったそうです。「明らかにおかしいでしょ？　と思うことばかりでした」と語るゆみさんは、現在、結婚前には予想もしていなかったストレスに日々直面しているようです。

●●●仲良く暮らしたいのに仲良くできないジレンマ

ゆみさんと夫が最初に出会ったのは、いまから15年前。会社の同僚の紹介で、当時は独身だった彼と知り合い、1年半交際しました。ところが理由も説明されないまま、突然彼から別れを告げられました。彼の同僚を通じて、彼はほかに好きな人ができて、浮気をしていたことが判明。ゆみさんと別れたあとに、彼はその浮気相手と結婚しました。つまり継子の母親は、2人が別れた原因になった女性だったことになります。「継子をかわいいと思えないのは、そういった経緯もあるかもしれません」とゆみさんは言います。

彼と別れて13年ほど経ったある日、離婚を悩んでいる彼から電話がありました。「いまでも独身？」と聞かれて驚きましたが、いま思うと彼は離婚に踏んぎりをつけるために、ゆみさんとの再会を望んだのかもしれません。妻の浮気や育児放棄の話を聞き、彼とその娘に対して、ゆみさんは「なんとかしてあげたい」という使命感を抱きました。

ゆみさんは、独身時代から障害のある犬を引きとって面倒をみてきました。そんな優しさや面倒見のよさがあるから、2人を放っておけなかったのかもしれません。「たぶん夫も私のことを、〝障害犬を育てているくらいだから、わが子のいい母親になってくれるはず〟と思ったのではないでしょうか」とゆみさんは言います。

同居するまえは、子どもに対して問題を感じることはありませんでした。「きっといつかはかわいいと思えるときが来る」と思いながら再婚を決めたそうです。ところが、実際に継子と一緒に生活するようになったところ、生活のルールを決めても守れない、遊びに夢中でトイレを我慢してお漏らしをする、トイレを汚したら怒られるから内緒にして言わない、などといった継子の毎日の言動が、ゆみさんのイライラを募らせています。

●●●わかってくれない夫への感情

夫は優しく、ゆみさんの愚痴をすべて受けとめてくれますが、娘にも甘いので解決策がありません。実親子の密着した関係を見るにつけ、娘を甘やかす夫を許せない気持ちが湧いていやな気分になります。「どうしたら家族3人が仲良くなれるだろう?」と考え、ときには怒ったあとに継子を抱きしめてチューをしてみたり、意識的にスキンシップもとってきましたが、どんなに努力しても継子のことをかわいいとは思えないといいます。

取材当日は「ここ数週間、夫と継子と寝るのも食事も別々です。嘘ばかりつく継子がもういやです。それを、わかってくれない夫も……」とつらそうでした。

初婚で継母になる場合、「子どもなんて、しょせんこんなもの」とあきらめられずに、思いどおりにならない育児ストレスとの戦いとなります。少し手抜きをしてもいいのに、母となる責任をすべて背負ってがんばろうとしてしまうのかもしれません。

ケース4 由紀子さんの場合〈ステップファミリー歴2年半〉

家族構成…妻・由紀子さん（45歳）、夫（43歳）、夫の子（女7歳・女5歳）

●●●2人きりで結婚生活を送るつもりが……

私と山下由紀子さんは、仕事をとおして10年来のお付き合い。由紀子さんは真面目でていねいに仕事をする、芯のしっかりとした女性です。継子との同居生活を振りかえり、「初めて会った日、車から降りた瞬間に手を握ってきたんですよね」と語りだしました。

由紀子さんと夫は、たがいの共通の友人を介して2年半前に出会いました。当時、彼は離婚したばかりで、子どもの親権を妻に強引に奪われ、面会交流もさせてもらえない状態でした。夫の元妻のもとで暮らす彼の子どもたちは、当時2歳と4歳でした。

由紀子さんとの付き合いが始まって数か月後には、夫はなんとか定期的な面会交流ができるようになっていました。当初、由紀子さんは面会交流には同席しませんでしたが、彼と同居しはじめたころから、元妻が「お泊まり面会」を要望するようになりました。彼から「新しい彼女と一緒に暮らしていて、結婚を考えている」ということを元妻に伝えてもらったうえで、子どもたちを定期的に1泊で預かることにしました。

「2人とも初対面からなついてくれて、そのときのベタベタしてくる様子から『ふだん愛情不足なんじゃないかな？』って思いました」と由紀子さんは言います。余裕がなかった夫の元妻の育児は、子どもたちにストレスをぶつけることも多かったようで、「ママは怒ってばかりなんだよ」と子どもたちが言うこともあったそうです。

12月に付き合いはじめて、翌年の5月から事実婚生活をスタート。9月に入籍をしました。2人だけの甘い新婚生活が続く予定でしたが、間もなく元妻が「上の子だけ引きとって育ててほしい」と、ひんぱんに夫に連絡をしてくるようになりました。

「『子どもがパパのところで暮らしたいと言っている』と言うのですが、姉妹をバラバラにするのはかわいそうだし、子どもの言葉をうのみにするのもどうかと思いました」と由紀子さん。結局、元妻と何度か話し合い、もし引きとるなら「姉妹一緒に」「親権者を変更する」という2点を条件に、子どもたちと一緒に暮らすことになりました。

もともとは元妻のもとに子どもがいるバツイチ男性と再婚したはずだった由紀子さんですが、これを機に、思いがけず「継母」という立場になりました。

●●●実親子よりも継親子関係が先に築かれた珍しいケース

「突然のことで、いやじゃなかったですか？　夫のために？」という私の質問に「夫のためなんて考えたことはありません。もともと子どもは好きだったし。40歳を過ぎて子どもを産むのも怖かったから、彼の子を引きとって子育てを経験してみたいという思いもありました。みんなにとってそれが、一番いいと思ったからかな」と由紀子さん。

当時5歳だった長女はやたらと癇癪《かんしゃく》を起こす子で、泣いたらなかなか泣きやまず、3歳だった次女はまだおむつもとれておらず、なにからなにまで世話を焼かなければならない状態でした。最初は由紀子さんもどこまで子どもたちを怒ったりしていいのかわからずにとまどったそうです。仕事と子育ての両立を手探りしつつ、がんばってきた2年間でした。

「もしもいま、夫婦ゲンカしたら継子たち2人は私の味方だと思うんですよね」と由紀子さんが言うように、継子たちは由紀子さんを実の親のように慕っています。近所の人や周りのママ友だちも、継母である由紀子さんに非常に理解があり、応援してくれています。

「継子がパパ（夫）にべったりで、嫌悪感を抱いたりしないの？」と聞くと、「たぶんうちの場合には、それまでが父子家庭ではなかったから、子どもと父親との関係が濃厚じゃないのがよかったんだと思います」とのこと。

たしかにそうかもしれません。夫は子どもたちの世話やしつけを、由紀子さんに安心して任せきっていて、子どもたちもパパに過剰にベタベタすることもなく、さらには周りの友人たちの理解や応援がある環境にいる由紀子さんには、継母ストレスは感じられないのだと思いました。

アドバイス　相手にだけ子どもがいて結婚した場合

●まずは夫婦2人の関係を築く努力を

相手だけに子どもがいる場合の再婚では、「相手と2人きりになれる時間がないこと」や「実親子のあいだに入れない寂しさ」が、恋愛中から再婚後までストレスになります。

おたがいに子どもがいる者同士なら、子どもの都合を考慮しながら2人だけの時間をつくる努力もできると思いますが、一方にしか子どもがいない場合には、2人の時間をつくるための努力の共有がないので、相手の立場を理解できないことが多いのです。

「どうしてもっと2人の時間をつくれないの？」「なぜいつも子どもが一緒なの？」という不満をぶつけると、パートナーからは「子どもがいることをわかっていて好きになったんでしょ？」と言われて、すれ違いが起きがちです。

「2人の関係をしっかりと築くためには2人だけの時間が必要だ」という認識を共有できるように話し合い、おたがいに努力して2人の時間をつくる工夫をするしかないのです。

●ストレスは隠さず相手に伝える

最初から他人の子ども、それも、パートナーと元配偶者とのあいだにできた子どもを愛せるわけはありません。夫婦2人の絆《きずな》がしっかりとしたときに初めて、相手の子どもを受け入れられるのです。そのことを、パートナーによく理解してもらう必要があります。

先ほど紹介した由紀子さんのような希少なケースをのぞいて、通常ステップファミリーでは、夫婦の関係よりもまえに、実親子の関係があります。そのため、もともと家族だった実親子の関係に入りこめない疎外感を配偶者が感じ、自分だけがのけ者にされているような寂しさを感じてしまうことは多々あります。

それは当たりまえの感情なので、隠さず相手に打ちあけましょう。パートナーが話を聞いて受けとめてくれるだけで、ストレスは軽減するでしょう。とくに継子が女の子の場合は、継母には、なぜだかわからないイライラが募ります。パパにベタベタするファザコンの継娘を疎ましく感じるのは、自然なことです。そんな気持ちをきちんとパートナーに伝えて、あまり目の前で過剰な愛情表現をしないようにお願いしましょう。

最初から家族のまとまりはつくれません。家族のメンバー同士、一対一の関係をしっかりと築いたあとで、まとまった家族になっていくのです。いきなりパートナーと子どもをまるごとを受け入れようとせず、まずはパートナーに自分のストレスを打ちあけ、おたがいの気持ちを話し合える関係を築きましょう。

4 おたがいに子どもがいて結婚した家族

ケース5 えりさんの場合〈ステップファミリー歴1年7か月〉

家族構成…妻・えりさん（31歳）、夫（35歳）、夫の子（男10歳）、えりさんの子（男10歳・男8歳）

●●●夢や希望に満ちて始まった再婚生活

「初めて夫に出会ったときには、彼はあまりにも無愛想で怖い印象でした」とにこやかに語る浜田えりさん。化粧品やエステ業界で働いてきたと聞いていましたが、そのイメージのとおり、待ち合わせ場所に現れた彼女は、長身でおしゃれな女性でした。

現在の夫とは2年前に友人の紹介で知り合いました。おたがいに子連れで、出会いから2か月後に再婚を決めて5か月後に入籍。夫の長男は当時8歳、えりさんの長男も8歳、次男は6歳。長男同士は、偶然にも同級生でした。わが子と同年齢の子の継母となることも、再婚家庭の苦労も、とくに深く考えずに再婚を決めたといいます。

えりさんはステップファミリーの毎日をブログにつづっています。最初の半年間、彼女のブログは、明るくなんの問題もない話が書かれていました。ステップファミリーのブログの多くは、継母の立場にある女性が問題に直面したときにストレスを吐きだす場として書きはじめるものなので、そんななかで、えりさんの明るいブログは異色でした。

　えりさんの場合、再婚前の恋愛期間が短かったために、ステップファミリーの発達で最初に訪れる「夢と期待に満ちている段階」（47頁参照）が、再婚してからもしばらく続いていたのかもしれません。そんな私の指摘に対して、えりさんは「たぶん、そうなんだと思います。再婚前は本当になにも深く考えていなかったから、ステップファミリーという言葉さえ知りませんでした」と話してくれました。

●●●実子と継子への愛情の違いを意識しはじめた

　同い年である夫の長男とえりさんの長男は、大好きなドラゴンボールの話で意気投合して、あっという間に仲良くなりました。「きょうだいのように分けへだてなく育てよう」とえりさんは決意して、再婚生活がスタートしました。小さな生活習慣の違いはいろいろありましたが、義母に育てられた継子のほうがしっかりしている面が多く、ストレスを感じることはそれほどなかったそうです。

　ですが、結婚1年目を迎えるころから、えりさんのブログにステップファミリーの問題が書かれるようになりました。「はっきりと現実に気づく段階」（48頁参照）が訪れたようです。わが子にはとくにがんばらなくても愛情を注げるのに比べて、継子にはがんばらなければ愛情を注げないという現実にはっきりと気づく時期です。

夫も同様で、無意識に「わが子が一番かわいい」という態度をとっていることがあり、それでついイライラして、夫婦ゲンカをしてしまうことがあるといいます。

ある日、夫が子どもたちのために買ってきたマンガ本やゲームを、「きょうだい3人で仲良く使いなさい」ということがないまま実子に渡したので、夫の実子がひとりで独占してしまったことがありました。「夫に悪気があったわけではないと思うのですが、ほんのひとことをなぜ言えなかったのと、夫に言いました」とえりさん。

問題が起きたらできるだけすぐに伝えることが、えりさんの解決方法ですが、口数の少ない夫から思いを引きだすのは難しく、伝えたことを理解してくれているのかわからないことが多いそうです。

最近、「自分の子どもは自分で面倒をみよう」という提案をしてみたところ、夫は実子と交換日記を始めました。「それはそれでいいことなんですけれど、なんとなく実親子だけの絆を見せつけられているようで……」とえりさんは笑いながら言いました。

それでも、「大変なことも多いけど大切な家族だし、楽しいこともたくさんある」と話すえりさん。まだまだがんばらなくちゃ、という前向きなパワーを感じさせてくれました。

ケース6 あつこさんの場合〈ステップファミリー歴4年6か月〉

家族構成…妻・あつこさん（46歳）、夫（45歳）、夫の子（男15歳・男9歳）、あつこさんの子（女13歳）

●●●「おたがいに子連れだからわかりあえる」と思った

私の長女が再婚家庭の子どもを取材する活動で出会った鈴ちゃんは、「子どもだってストレスを発散できる場所が必要なんです」と話してくれた中学生の女の子。今回は、その鈴ちゃんの実母である金沢あつこさんに取材をお願いしました。あつこさんは、しっかりとして、落ち着いた印象の女性です。

あつこさんと夫との出会いは5年前。半年間の交際ののちに再婚しています。あつこさんは離婚から1年後、夫は離婚から1年半後の再婚でした。

「離婚からあまり年月が経っておらず、こんなに早く次のパートナーが現れて再婚することになるとは、自分でも考えていなかったです」とあつこさん。2人はインターネットの婚活サイトで出会って、メール交換をするうちに会うことになり、お付き合いがスタートしたそうです。「おたがいに子連れのほうが、いろいろな意味でわかりあえると思って、彼とお付き合いすることを決めました」とのこと。

再婚した当時、娘の鈴ちゃんは9歳、夫の息子たちは11歳と5歳。5人でのステップファミリー生活がスタートしました。

●●●２人の継子が抱えていた喪失感

　再婚前にはなにも問題がないように見えた２人の継子たちでしたが、再婚生活がスタートしてしばらくすると、２人が家の外で話をしないことに気がつきました。あわてて小児精神科に連れていったところ、「場面緘黙症《かんもくしょう》」と診断されました。親の離婚による喪失感から出た症状だった可能性もあるようです。

　夫の１年半前の離婚は、子どもたちにとってはとてもつらい経験でした。元妻は離婚前から育児放棄をしていましたが、離婚時には３人の子どもたちを育てると言って引きとりました。そこで夫はひとりになり、ワンルームマンションで暮らしていました。

　ところが、離婚から半年経ったある日、マンションに帰ると息子２人が突然置き去りにされていました。元妻は「再婚するから３人は育てられません」と言い、長女だけを自分のもとに残して息子たちを連れてきて、荷物を勝手に送りつけてきたそうです。彼はあわててワンルームマンションを引き払い、近くの３ＬＤＫの団地に引っ越して、父子家庭生活を始めました。実母からそんな扱いを受け、きょうだいから引き離された子どもたちに、心の傷が残らないわけはありませんでした。

●●●継子の思春期は、実子よりもさらに難しい

再婚したときに11歳だった長男は、反抗的になる思春期の入り口でした。再婚当初は生意気ながらも自分の気持ちを口にする子どもでしたが、15歳になる現在は口もきいてくれず、心を閉ざしてしまっている様子だといいます。

2人の継子たちは、朝起きてもあいさつはしない、食事の際に「いただきます」を言えない、ご飯を食べたら片づけない、なんでもやりっぱなしで、しつけをされていない子どもたちだといいます。最近では次男も万引きをしたり、学区外で遊んでいてパトカーに乗せられて帰ってきたりと、あつこさんの気苦労は絶えません。

そんな母の苦労をみて鈴ちゃんもストレスを募らせ、2人の継子たちとは仲良くできずにいます。

現在は家族の問題に向きあおうと夫婦でカウンセリングを受けているほか、継子たち2人も別々にカウンセリングを受けているそうです。「いまは長男の思春期が終わるのを待つしかないのかなって思っています」とあつこさんは言います。夫はあつこさんのストレスを理解して、できるだけ2人の息子たちとかかわろうとしてくれているそうです。

私にも現在15歳の息子がいますが、実子ですら理解できないことが多いのが思春期です。再婚相手の子どもの思春期は、本当に大変だと思います。

アドバイス　おたがいに子どもがいて結婚した場合

●継子と実子への愛情の違い、しつけの違いについて

シングルマザーとシングルファザーが再婚するケースです。おたがい過去につらい別れを経験しているから、今度こそ、たがいを思いやって幸せな家庭を築けるはず、という自信をもって再婚を決意することでしょう。また双方に子育て経験があるから、子どもたちとのかかわりを上手にもてるはずだという自信もあります。

ところがいざ2つの家族が同居すると、継子をわが子と同じように愛せない葛藤や、子どものしつけの違い、生活習慣の違いなどにたびたび遭遇して、驚くことになります。

とくに継母になる人は、みずから出産したわが子のかわいさを実感しているだけに、継子に対して愛情の違いを感じることになりがちです。「継子もわが子と同じように愛さなくてはいけない」と思って自分を責めたり、がんばりすぎたりする傾向もあります。

しつけの違いがストレスになることもあります。私が話を聞いたある女性は、義母と同居してきた父子家庭と再婚したところ、それまで義母が孫を甘やかし放題で、時間も決めずにおやつなどを買い与えていたので、継子はダラダラとお菓子を食べる習慣があり、食事時間にご飯をあまり食べられないために、いらだちが募ったそうです。

逆に夫側から、妻の子どもに対するしつけが厳しすぎて、暴力的な言葉が多く、わが子

に悪影響がないか心配になったという声もありました。

●おたがいの子ども同士の関係について

それぞれの子ども同士の関係に問題が生じることもあります。親の恋愛中、たまに会っていたころは仲が良かったのに、同居を始めると子ども同士でケンカをしたり、トラブルを起こしたりします。そんなときに夫婦がそれぞれ、おたがいの実子と継子への対応の違いを感じて相手を責めたり、自分を責めたり、そんな葛藤が生じる場合もあります。

継子をわが子と同じように愛するのは難しいことですが、子どもに差別感を抱かせないことは大切です。そのためには、自分たちの生活環境とは異なる、継子が育ってきたこれまでの生活環境を柔軟に受け入れて、無理にどちらかに合わせるのではなく、新しい家族のルールをゆっくりと築いていくことが必要でしょう。

子どものしつけについては、最初から無理に足並みをそろえる必要はありません。「わが子と継子の愛情に区別はあるけれど、差別はしない」という思いを教訓に、あせらずにがんばりましょう。

5 死別を経験したパートナーと結婚した家族

ケース7 わかばさんの場合〈ステップファミリー歴7年〉

家族構成…妻・わかばさん（35歳）、夫（54歳）、夫の子（男15歳・男10歳）、セメントベビー（女6歳）

●●●苦労話を聞いても「自分はうまくやれるはず」と思った

ステップファミリーの会のスタッフをしている高橋わかばさん。いつも優しく落ち着いていて、会ではみんなの先輩として、心強いアドバイザー役を務めています。

わかばさんが前配偶者と死別したシングルファザーと再婚したのは、いまから7年前のことでした。勤務先の社長だった夫と社内恋愛をして、1年間の交際期間を経て結婚。夫はわかばさんと付き合いはじめる2年前に、出産による医療事故から妻を亡くしていました。

「最初は本当に、迷いも不安もありませんでした。でも興味があって、継母さんたちのブログを読んだりはしていました」とわかばさん。ほかの人のブログに書いてあるステップファミリーならではの悩みやストレスを読んでも、実感はなく、「自分はうまくやれるはず」という根拠のない自信があったそうです。

●●●継子を育ててきた義母との戦いの日々

夫には2人の幼子がいました。出産で妻を亡くしているので、生まれたばかりの長男は大阪の妹のもとに預けられており、5歳の長女は義母が夫と同居して育てていました。再婚を機に、わかばさんは2人の子どもたちの継母になりました。

同居が始まって最初につまずいたのは義母との関係だそうです。孫をわが子のように育ててきた義母は、母親を亡くした孫を不憫《ふびん》に思って甘えさせ放題でした。なんでも義母がやってしまうので、7歳になる継子はトイレで自分のおしりすらふけませんでした。

同居してすぐ、わかばさんが妊娠。継子2人の初めての子育てに奮闘しながら、義母との対立が続く毎日で、ストレスばかりの妊娠生活でした。義母はわかばさんに対して「『子どもができにくい』とか言いながら、ずいぶん早く妊娠したのね」と嫌味を言ったり、さらに長女がわかばさんのことを「ママ」と呼びだしたことで「強引に『ママ』と呼ばされていると子どもが言っている、かわいそう」などと悪意の嘘を夫に伝えたりしたため、2人の関係はますます悪化していきました。

わかばさんが夫に傷ついた気持ちを伝えても、夫は「悪意はないはずだ」と母親をかばっていました。しかし、あるとき義母が「悪意があって（わかばさんに意地悪を）言っているわよ」

と認めたことで、ついに夫も母との別居を決意することになりました。

●●●亡くなった元妻の法事や実家との関係

わかばさんの結婚には、義母との関係のほかにも、さまざまなストレスがありました。亡くなった元妻の遺影や仏壇のこと、お墓参り、元妻の親との関係などです。

仏壇には結婚当初、元妻の遺影があったので、「はずしてほしい」と夫に直接伝え、見えないところにしまってもらいました。いつも開いている仏壇の戸をわかばさんが閉めると夫が開けるという、無言の戦いもしばらく続いたそうです。

毎年7月～10月は、お墓参り月間です。7月は東京のお盆、8月は田舎のお盆、9月はお彼岸、10月は元妻の命日があるので、この4か月間は毎月夫から墓参りに誘われます。夫は「仏様なんだから、敬うのが当たりまえだ」と言い、仏壇や法事のことまですべて任され、ストレスは募るばかりでした。さらに元妻の親がひんぱんに連絡をしてきて、孫との面会を要求していました。このような元妻の法事や実家とのかかわりについて、結婚前にもっと夫と話し合っておけばよかったと、いまさらながら思うそうです。

いまでも夫は、帰宅すると真っ先にビールのミニ缶を仏壇に供えます。「以前はビールだったんですが、もったいないので発泡酒に変えてもらいました」と笑いながら話すわかばさん。7年のあいだにさまざまな苦労を乗り越えて、とても強くなった様子がうかがえました。

アドバイス　死別を経験したパートナーと結婚した場合

●亡くなった人にはよい思い出だけが残るもの

愛するパートナーに子どもがいて、まえの配偶者と離婚ではなく死別による別れを経験している場合の再婚は、子どもとの面会交流や養育費など前配偶者とのかかわりを考えなくていいので、一見すると楽に新しい家庭を築けるような気がします。

ところが亡くなった人の思い出というのは、よかったところだけが残ります。パートナーにとっても継子にとっても、亡き親は忘れることのできない大切な思い出です。

子どもはとくに、亡き親に忠誠心を感じているので、新しいパートナーを迎えるとなると、親の愛情がもう亡き親にはないのかと反発することもあります。再婚するときは子どもの気持ちを理解して、実親からきちんと再婚について説明をする必要があります。

また、亡くなった元配偶者は嫉妬の対象にならないと思ったら間違いで、夫が元妻の仏壇や遺影のある部屋で寝ることがストレスになるという経験者の意見もありました。

●遺品や仏壇、遺影の扱いに注意する

とくに、亡き妻の部屋や遺品が、亡くなったときのままに残っていたという話を聞くことがあります。新しい生活をスタートするにあたって、新居に引っ越しができれば心配に

はおよびませんが、前配偶者と死別したパートナーの場合、以前からの住居で新しい家庭をスタートさせるケースが多いので、遺品の処分などは気をつかってほしいところです。先ほど紹介したわかばさんのケースのように、仏壇や遺影についても注意が必要です。

亡くなった人だから大切にしろというのは、縁者の勝手な要望だと思います。

私の知り合いにも、妻と死別後に再婚した男性がいますが、彼が再婚相手に希望した条件は「元妻の仏壇に毎朝一緒に手を合わせられる人」というものでした。女心を無視した勝手な条件だなとも思いましたが、最初から相手にそれを伝え、相手が納得したうえで再婚するならばいいと思います。でも、きちんと伝えないままに再婚することになって、あとで意見が合わなかったりすることがないよう、事前に気をつけたいところです。

死別の人が新しいパートナーを迎えるにあたっては、できるだけ以前の結婚生活を感じさせないように、みずからが配慮する必要があります。仏壇や遺影を実家に運んだという人もいますし、引っ越しをしないまでも家具を新調したり、部屋の模様替えをしたという人もいます。

死別のパートナーと再婚する際には、なによりも、一緒に生活が始まるまえに、子どもも含めて新しい家族の気持ちのすりあわせをすることが重要です。

2章 ステップファミリーの基礎知識

1 初婚家族との違い

●ステップファミリーという言葉の意味

本書の執筆にあたり、インターネット上で、再婚した人および再婚の予定がある人を対象にアンケートを行ないました。そのなかで「ステップファミリーの語源を知っていますか?」という質問をしたところ、回答者50人中「知っています」と答えた方は、たったの5人でした。ほか45人は「知らない」か、または間違った解釈をしていました。

当事者でもこんな感じなので、日本ではまだまだ「ステップファミリー」という言葉の認知度は低いのです。

ステップファミリーの「ステップ（ｓｔｅｐ）」は、接頭辞で、「継」という意味を表しています。つまり、継親子関係のある家族を、ステップファミリーと呼びます。「ホップ・ステップ・ジャンプ」や「ステップ・アップ」などで使われるような名詞の「ステップ」とは、意味あいが少し違います。

一方、日本語の「継ぐ」という言葉には「結び合わせたり、足したりして、一続きのものとする」「つなぎ合わせる」「衣類の破れをつくろう」「絶えないように、減ったところに足す。補給する」などの意味があります。

●足りないものをたがいに補いあう家族

新しく構築される初婚家族に比べて、足りないものを補いあいながら継続させる家族がステップファミリーなのだと思います。もともとあった２つの家族には、片方の家族から見たら足りないものがいろいろ見えてきます。

たとえば私の継娘は、洋服を上手に着こなすセンスがありませんでした。わが子には小さなころから着こなしを教えてきたので、長女も長男も着こなし上手でした。だから、継子がわが家に来たときには「どうしてできないのだろう？」とストレスを感じました。

でも冷静に考えると、再婚するまで父子家庭で暮らしていた継子の生活では、子どもに洋服の着こなしを教える役割の人がいなかったのです。だったら再婚後にはそれを私が補えばいい。そう思えるようになったら、気持ちも楽になりました。

どちらかの価値観で縛りつけようとするのではなく、片方にないものをどう補ったらいいのかと考えながら、２つの家族を１つにつなぎ、絶えないように継続させていくことが大切なのではないでしょうか？

ステップファミリーは明らかに初婚の家族とはその成り立ちも心構えも違うのだということを正しく理解してください。

2 ステップファミリーの発達段階

●知ることで問題を乗り越えやすくできる

ステップファミリーには、初婚の家族とは異なる、特有の発達段階があります。私は今回の再婚をするまえにこの発達段階を知り、目からうろこが落ちるように感動したことを、いまでも覚えています。おかげで、これから再婚後に起きるであろう問題を覚悟しておけたし、実際に問題が起こったときには冷静に対応することができました。

2回以上お産をした経験のある人ならわかると思いますが、初産と2回目以降のお産の違いは、知らずに体験することになった未知なる痛みなのか、知って覚悟していた痛みなのかというところにあります。

ステップファミリーの発達段階を知ったうえで再婚しても、予想をさらに上まわる困難に突きあたり、くじけそうになることも少なくありません。ですから、まったく知らないで再婚したら、困難なことはいうまでもありません。

発達段階を頭に入れたうえで予測していた痛みに耐えつつ、前に進んでいきましょう。

1―夢と期待に満ちている段階

恋愛中から始まっています。ウキウキと楽しい毎日です。「愛する人の子どもなのだから継子を実子のように愛せるはず」「愛しあってさえいれば、多少の困難は乗り越えられるはず」「すぐに仲良しの家族になれるはず」など、根拠のない自信がたくさんあります。

1章のケース7（38頁）で紹介したわかばさんの場合もそうでしたが、事前にステップファミリーに起きる問題を学んでいてもなお、「私たちは大丈夫」と過信しやすい時期で、「他人の経験は自分たちには関係ない」と思い込みがちです。

私自身も、自分は家庭問題の専門家だし、よく勉強しているし、「自分にかぎっては問題に直面することはないだろう」と思っていたのがこの時期でした。

2―なにかがおかしいと感じはじめる段階

期待していたものとなにかが違う、と感じる時期です。2つの家族の生活習慣の違いや、パートナーのふとした言動に、なんとなく違和感を抱いたりします。継親は、継子の態度に妙にいらだち、どうしていいかわからなくて、つい自分を責めてしまい、落ち込んだりもします。継親が実親子と過ごしているとき、「自分だけのけものになっている」と感じたりしたら、この時期に入っているサインです。

継親、とくに継母が、このような気持ちに先に気づくものの、実親の側はなにも感じていないケースもよくみられます。私もこの時期に夫に不安を打ち明けても、夫からは「なにがそんなにストレスなわけ？」と理解のない問いが返ってきて、とてもがっかりした思い出があります。

3—はっきりと現実に気づく段階

「こんなはずじゃなかった」「再婚にムリがあったかもしれない」「血がつながっていないからうまくいくはずがない」など、パートナーや継子、あるいは再婚そのものへの疑問や不満を、はっきりと認識する時期が訪れます。初期の段階で抱いていた期待をすっかりくつがえされ、心が打ちのめされるような思いをする人も少なくありません。

この時期になっても夫婦の一方は問題に気づかず、不満を口にするパートナーを「わがまま」「気にしすぎ」などと思ってしまうこともあります。夫婦間で問題の認識がずれていると話し合いもできず、一方だけが問題を抱えてストレスをためることになります。

わが家もこの時期は大変でした。思春期だった継子の反抗が止まらず、夫と継子のケンカの際に、元妻がでしゃばって警察に通報したために暴力事件とされてしまい、児童相談所にお世話になりました。ちょうど私が夫と入籍しようと思っていたところでしたが、いったん中止しました。「こんな再婚には無理がある」と思っていた時期です。

4――変動の段階

不安や恐れが漂う3の段階から一歩進んで、ひんぱんに口論が起こったり、ぎくしゃくしたりする時期です。家族のあいだには緊張が絶えません。たとえば双方が子連れの夫婦では、実父子と実母子に分裂して、まるで2つの別の家族が暮らしているような状態になり、「再婚した意味があるのだろうか?」と、いまさらのように悩むことになったりもするでしょう。

ひとり親家庭に単身で入った継親は、自分の居場所をなくし、家族に囲まれてはいても心はひとりぼっちで過ごさなければならないことに不満と孤独が募ります。

幸いにしてわが家の場合には、問題の原因になっていた継子が夫の実子ではなく元妻の連れ子だったこともあって、夫婦が分裂することはありませんでした。この時期は、意識的に夫婦の会話を増やし、問題にどう向きあえばいいのかを模索していた時期だったような気がします。

5――行動の段階

明らかとなった家族の問題に立ちむかう時期です。つらい時期を経て、夫婦・家族となった意味を見直し、絆を築くためにどうすればいいのか、真剣に考えはじめる時期でもあります。

問題を認識し、この「行動の段階」に移るまでに、ふつう数年を要するといわれています。すべてが絵に描いたようにうまくいくステップファミリーなどありません。自分の結婚や家族に問題があることを認めるのはとても難しいですが、問題がないふりをしているだけでは、家族がうまくやっていけるわけはありません。

問題を解決するためには、なにが障害となっているのかをよく理解することが必要です。この時期に大切なのは、古い家族観にとらわれず、ステップファミリーならではの家族のよさや、関係性をめざして行動することです。

この時期、わが家では高校生になる夫の継子の自立願望を尊重して、ひとり暮らしを認めました。継子と別々に暮らす生活が、問題を解決することにつながりました。

6—関係が深まる段階

実親・継親などの立場は関係なく、夫婦は一緒に行動することがふつうになり、それが快適になります。継親子の関係も安定し、一緒にいることで穏やかな気持ちを感じられる時期です。小さな問題は続いているかもしれませんが、問題が起こっても受けとめる余裕が少しずつ増えていくので、以前のように大きな問題にはならずに消化されます。

おそらく、現在のわが家はこの時期にいるのだと思います。小さなストレスはいまだにありますが、家族が一緒にいることも当たりまえになり、小さな問題は大きくならないうちに消化されています。わが家は一緒に暮らしはじめて6年目です。

7——連帯達成の段階

ステップファミリーという、ひとつの家族に所属している実感が生まれます。心のつながった家族になっているので、もうあせる気持ちはありません。この段階に達するまで発達の早い家族でも4年、平均すると7~8年はかかるといわれています。発達が早いか遅いかは、初期の段階でどれだけエネルギーを費やしたかが鍵となるようです。

最初からとくに問題がないようにみえるステップファミリーでも、この時期に達するには、ある程度の時間の経過、つまり家族として育んできた歴史が必要になります。

ただし、私自身の経験や、さまざまなステップファミリーの取材をとおして感じるのは、みんなが同じようにこの発達段階をたどるわけではないということです。ひとつの問題をクリアしても、別の問題が起きて以前の段階に戻ってしまうことも多くあります。発達の仕方は家族によって異なるとしても、問題を一つひとつクリアしていく過程が家族の絆を強くしていくという点は同じです。

このようなステップファミリーの発達段階を、パートナーとともに学び意識しながら前に進むことも大切です。パートナーにも本を読んでもらったり、一緒にワークショップに参加したり、話し合ったりして、おたがいの認識を深めましょう。

発達段階の知識があれば、先を見通すことができます。終わりのない困難ではないし、楽しいことだってたくさんあります。途中でくじけてあきらめることなく、いつかステップファミリーの醍醐味《だいごみ》を心から感じられるようになるまで、がんばってほしいと思います。

3 ステップファミリーの喪失感

●喪失感から生じる不安や問題

きっとうまくやれるはずだと思ってステップファミリー生活を始めても、しばらくすると、落ち込んで泣きたくなったりすることがたびたび訪れます。なにもかもうまくいかないと感じられたり、家族の一人ひとりが不服そうにみえたり、ひとつにまとまらない家族にあせりを感じて「本当に再婚してよかったのだろうか?」と考えたり、つらい思いをしたりすることがあります。これはあなただけではなく、多くの人が経験することです。

原因のひとつに、ステップファミリーは初婚家族と違って、「大人も子どもも過去にそれぞれの人生を大きく変えるような喪失感を経験してきている」という点があります。もちろん初婚家族の場合にも、結婚により住む場所が変わったり、仕事を辞めたり、両親との別れがあったりと変化や喪失はともないます。でもステップファミリーの場合には、夫婦だけでなく子どもたちも喪失感を抱いている点が、初婚の家族とは大きく違います。

ステップファミリーの喪失感とは「元夫や元妻との死別、または離婚」「まえの結婚に抱いていた夢が崩れたこと」、子どもにとっては「片方の親と別れて暮らすことになったこと」「なじんだ土地、学校を離れること」「友だちの支えがなくなること」「家族のなかでの自分の役割が失われること」「いままでと生活ペースが変わること」などがあります。

●子どもは大人以上にストレスを感じている

とくに子どもの場合には、離婚も再婚も自分の意思で決めていることではないので、喪失感を受け入れるのには、大人以上に時間がかかります。

わが家にやってきたころの継子たちも、再婚をうれしそうに受けとめる反面、なんとなくいつも不安そうな顔をしていました。「また離婚するかもしれないという恐怖心がある」と継子から聞いたときには、これがステップファミリーの子どもならではの喪失感なのだと感じました。離婚や再婚による実母との別れ、転居や転校など、継子たちにもたくさんの喪失体験があったのです。

わが子たちにとっても同様です。新しいきょうだいがやってきて、これまで母子家庭で暮らしてきた生活が大きく変わったことで、喪失感があったに違いありません。

家族のそれぞれに多くの喪失感があったことに気づき、それぞれのトラウマを理解して話し合い、おたがいに思いやり、時間をかけて新しい家族に慣れていくしかないのです。初婚の家族とは別ものであることをしっかりと認識して、あせらないのがポイントです。

4 親子の関係

●夫婦関係よりも先に存在する実親子関係

初婚の家族では、子どもが生まれるまえに、まず夫婦の関係ができあがります。でもステップファミリーの場合には通常、夫婦の関係ができあがる以前から、実親子の関係ができあがっています。継親にとって、自分よりも先に継子とパートナーとのあいだに築かれた信頼関係や生活習慣があることは、慣れるまでとてもストレスに感じられます。

子どもたちは実親を継親にとられるような気分になり、再婚を快く受け入れられない場合もあるでしょう。わが家の場合には、同居を始めたころ、2歳だった継子が夜中にかならず起きてきて、夫婦の寝室の枕元に立つことが数週間続きました。それまでの添い寝の習慣をやめて、親子別室で寝ることになったことなどから、私の存在が自分と父親の関係を脅かしていると感じ、子どもなりに抵抗する無意識の行動だったのだと思います。

また上の継子は、ことあるごとに「私とパパはもう14年間も一緒にいるんだから、パパのことを誰よりもわかっているのは私」と主張しました。その台詞を聞くたびに、私はとてもいやな気分になり、実親子間に入れない孤独な気分を味わいました。

●継親が感じる孤独やストレス

「親子ゲンカは犬も食わない」というような経験もたくさんしました。思春期だった夫の長女と夫は、ことあるごとに激しいケンカをしていました。最初の数か月、私はなんとか2人のあいだをとりもとうとがんばったのですが、じきに疲れてしまいました。というのも、激しくケンカした翌日には、夫と夫の長女はなんのわだかまりもなく仲直りしているので、私の心配や気づかいはなんだったのかと取り残されたような気分になったからです。

そういえば、以前、私が事実婚で暮らしていたときも、思春期だった私の長女と私が激しくぶつかり、数時間後にはなにごともなかったかのように仲直りしているのを見た当時の彼も、「あなたたちの親子ゲンカは俺にとってはすごくストレスだ」と怒っていました。

いま、逆の立場になってみて改めて、実親子間の「あうんの呼吸」というものが、継親にとってどれほどストレスなのかということに気づきます。

こんなふうに、継親にとって、最初はどうがんばっても実親子間に入りこめない孤独感からスタートするのがステップファミリーなのです。覚悟してあせらずにパートナーとの信頼関係を築き、家族の新しい絆をつくっていくことが大切です。

5 元の家族との関係

●再婚を機に面会交流がトラブルになるケースも

日本では離婚後に離れて暮らす親と子の交流（面会交流）があまり活発でなく、交流が続いている家族は少数派です。交流があることは、子どもにとっては理想的なことだと思うので、できれば再婚後も変わることなく交流を続けさせてほしいと思います。

しかし、再婚後は面会交流がトラブルのもとになりやすいので、それまで面会交流のルールをとくに決めていなかった場合はルールをある程度、明確にしておく必要があります。

私の友人でシングルファザーと結婚した女性がいます。２人の幼子の継母となりましたが、彼女にとって育児は初めての経験で、慣れない毎日に四苦八苦していました。

当初、元妻と継子の面会交流は「月に数回、会いたいときに自由に会う」という、ゆるやかな取り決めでした。再婚までは月1回くらいのペースで会っていたそうですが、再婚が決まってからは、元妻がしょっちゅう子どもに会いに来るようになりました。「私は再婚する奥様と共同で子育てするつもりです」と言い、彼女にいちいち文句をつけてくるようになったのです。保育園に入れるといえば反対し、入園後は彼女に断わりなく保育園を訪ねて子どもたちのお迎えをすることもありました。

その後、面会のルールを見直すため、家裁での調停をとおして話し合いを重ねていますが、今度は、自分の思いどおりにならないことに腹を立てた元妻から「親権者変更調停の申し立て」をされ、彼女としては想像を絶するストレスを受けることになりました。

●子どものことを考えたルールづくりを

継子の実親と、再婚する2人が、それぞれ子どものことを一番に考えて、おたがいに相手の家庭を思いやり、再婚により状況が変わることを理解して、新しいルールをつくる話し合いをできれば、なんの問題もありません。

しかし、再婚後の面会交流のトラブルは本当に多いですし、元配偶者の主張と自分の主張、場合によってはパートナーと自分の主張が食い違う場合すらあります。

かかわってくるのは元妻だけとはかぎりません。1章のケース7（38頁）で紹介したわかばさんのように、元妻側の祖父母との面会交流が続いていることもあります。

再婚するまえに、子どもとかかわる元の家族関係を知り、再婚後に問題になりそうな状況などを事前に想定して、まずはパートナーと意思を確認しあったうえで、元配偶者やその親せきと、改めて交流のルールを確認することが必要でしょう。

3章 ステップファミリーになる

1 再婚前から心がけておきたいこと

●おたがいが再婚生活になにを求めているか、知っておく

再婚前のカップルは恋愛に夢中で、自分が望んでいることを相手も望んでいるものと思い込み、毎日の生活のことなど考えないまま一緒に暮らしはじめることになりがちです。ところがいざ結婚してみると、相手との考えの違いに気づいて腹を立てたり、ストレスを抱えたりすることが多いものです。「愛があれば大丈夫」という根拠のない自信を捨て、2人でステップファミリーの問題を知り、ともに向きあう覚悟をしておきましょう。

本書を読んでいる方は、すでに問題意識をもって子連れ再婚を学ぼうとしている方だと思いますが、いくら話をしてもパートナーがこの問題を自分のこととして考えてくれない場合があります。そんなときには、再婚の時期を少し先延ばしにしてでも、一緒に学んでくれるように説得したほうがいいと思います。再婚してから「こんなはずじゃなかった」と思っても、取り返しがつかないことが多いからです。

子連れ再婚は自分たちだけではなく、子どもも巻き込んでしまいます。大人の都合で子どもを振りまわすことを最小限に抑えるためにも、これから起きるかもしれない問題を2

人で事前に覚悟しておくことが必要です。

●具体的に話し合って紙に書きだしてみる

まずは再婚してからの生活のことを2人で具体的に話し合っておきましょう。どんな家庭を築きたいかという考えは、その人のそれまでの経験が基準になっています。最初に築いた家庭が自分の理想どおりにならなくて、今度こそは理想の家庭を築きたいと思っている人が多いと思いますが、2人の理想が同じとはかぎりません。おたがいの理想や希望を理解しておかないと、さきざき衝突することになります。

じっくり話し合うきっかけとして、2人で相談しながら以下の項目を紙に書きだしてみてはいかがでしょうか？　プレナップ（142頁参照）をつくる準備としてもおすすめです。

1—それぞれが思い描く理想のステップファミリー像

どんな夫婦になりたいか？　継親と継子の関係をどんなふうに築きたい／築いてほしいか？　どんな家族をめざしたいか？　これらについて、おたがいの理想を知っておきましょう。

2—家庭のなかでのそれぞれの役割

パートナーや子どもにとっての自分の役割をイメージしたうえで、具体的な家事や育児の分担を相談しておきましょう。たとえばわが家では、継子の保育園の送迎は私が担当することに決めましたが、保護者としての責任はあくまでも実親である夫がもつことにしました。最初に話し合っておいてよかったことです。

3―再婚しても続けたいことについて

それぞれ以前から続けている習いごとや趣味があれば、再婚後の生活設計や家計にも影響するので、2人で話し合っておきましょう。

仕事についても同様です。妻が共働きを望んでいるのに、夫は妻に専業主婦を望んでいる場合もあるので、確認をしておきましょう。

4―子どものしつけについて

一番もめやすい事柄であり、重要な部分でもあります。おたがいの子育てに関するこだわりを話し合っておきましょう。たとえば「礼儀正しくあいさつのできる子」「嘘をついたり他人に迷惑をかけたりしない子」などという感じで、目標を具体的に書きだし、現在できていないことについて、どうしつけをしていくかなど話し合えるといいと思います。

5―子どもの養子縁組について（112頁参照）

「する」か「しない」か、またその理由について、おたがいの考えを話しておきましょう。養子縁組のメリット・デメリットは、家庭の事情によっても異なります。よくわからないまま養子縁組をしてしまうことがないように、事前に理解を深めましょう。

6―再婚後に暮らす場所について

家計に大きくかかわる問題です。通勤や子どもの通園・通学を考慮して決めなくてはならないことなので、早めに具体的に考えていく必要があるでしょう。

7―再婚後の生活費の負担について

現在の貯金や収入などを開示しあい、これから再婚にともなって必要となる費用を予想し、どう分担するか考えます。再婚後の生活費まで計画的に考えましょう。

8―夫婦でかなえたい夢と実現に向けたプラン

2人で共有する夢が明確になっていると、多少の困難にぶつかってもがんばる気力が湧いて乗り越えられます。夢とその実現に向けたプランを話し合っておきましょう。

9―元の配偶者との関係（57頁・82頁参照）

離婚している場合は、再婚後の養育費や面会交流のことを確認しておきましょう。

10―元配偶者の仏壇や法事について（41頁参照）

死別の場合は、これらが問題になりやすいので、きちんと話し合っておきましょう。

2人の意見が違うところがあっても、それはどちらかが悪いということではなく、すりあわせをしていけばいいことです。おたがいの意見の違いを知ることによって、いずれ解決の方法も見えてくると思います。

2 再婚後の生活設計

●当初はお金がかかることを覚悟しておく

再婚したらひとり親家庭ではなくなるので、経済的に楽になるはずと思って再婚する人が多いでしょう。しかし予定外にセメントベビーができた場合など、妻が働けなくなったうえ、上の子の学費がかかって四苦八苦している、などという話もよく聞きます。

昨今、結婚に必要な準備金は最低３００万円といわれています。初婚のときには冷静に準備金を考えられるのに、再婚のときにはまったく考えない人が多いのはなぜでしょう？

じつは私も再婚を決めた当初は、２つの家族が一緒に住み、稼ぎ手が２人になるのだから、間違いなく生活は楽になるはずだと思い込んでいました。

無計画に同居を決めたので、まず引っ越し代や不要になった家具の処分費などがかかり、予想外の出費になりました。わが家の場合には、夫家族が私の賃貸の家に引っ越してきましたが、新生活を始めるにあたって古い布団や子どもの学習机などを処分してしまったので、なにかと物入りでお金がかかりました。子どもたちは引っ越しにより新しい学校や保育園に通うことになり、制服や持ち物をそろえるのにも出費がありました。おまけに、夫には蓄えがないどころか元妻のつくった借金がある状態だったので、新生活が落ち着くまでは、家計のやりくりが本当に大変でした。

また、再婚当初はどうしても、妻側に家事や子育ての負担がのしかかります。再婚を機に専業主婦になる人も多いですが、私は専業主婦にはならず、自分の仕事量を意識して減らしました。当時は無理をして、家事と育児をすべてこなそうとしていました。

再婚から6年経ったいまでは家計に余裕ができたので、仕事は減らさずにバリバリ働いて家事や育児をアウトソーシングするほうが、家計のためになると割りきっています。

●子どもがいる分、初婚以上に慎重に計画を立てる

ご家庭によって生活設計はさまざまでいいとは思いますが、再婚にも準備金が必要だということは忘れないでください。ひとり親家庭に支給される児童扶養手当もなくなりますし、ご家庭によっては養育費も減額になります（162頁参照）。再婚前におたがいの財産を開示しあって、再婚にともなう諸経費をどう負担するか、計画をきちんと立てましょう。

再婚にあたって生命保険の見直しも行なうといいでしょう。私もシングルマザーの時期には、一家の大黒柱として、万が一のために保証の大きな保険に入っていましたが、再婚後は保証額を減らし、その分を家計や学資保険の追加にまわしたりしました。再婚後の生活設計は、すでに子どもがいる分、初婚以上に慎重に考えるべきことだと思います。

3 再婚後の住まいの問題

●経済的に余裕があれば、どちらも引っ越すのがベスト

再婚後の住まいで一番理想的なのは、新居を決めてそれぞれの家族が引っ越しをして、新生活を始めることです。でも経済的には、新居の購入や賃貸契約の費用のほかに、2つの家族の引っ越し代がかかるなど出費が多くなるので、もともとどちらかの家族が住んでいた家に、もう一方の家族が引っ越してくることが多いようです。

私の場合もそうでした。当初は都心に暮らす夫の家に私の家族が引っ越す予定でしたが、もともと私が住んでいた郊外の一軒家のほうが広く、また家賃が安いこともあり、夫には勤務地が遠くなるのを我慢してもらって、わが家に夫家族を迎えることにしました。

どちらかの家に他方の家族を迎える場合、先に住んでいた家族の縄張り意識というものがあり、それが多少なりとも問題になることを意識しましょう。自分の居場所に新しい人を迎えるということは、けっして容易なことではありません。もちろん反対に、できあがっている生活空間に〝新入り〟として入っていくことも難しいものです。

わが家では夫家族が引っ越してくることになって、私が仕事部屋として使っていた部屋

を、継子長女の部屋にしました。それまでその仕事部屋には私の飼い犬が自由に出入りしていましたが、継子の部屋になったとたん、部屋に入ることを禁じられて閉めだされたので、たまに部屋のドアが開いていると、入りこんでわざとトイレをするようになりました。動物なので顕著に表れた縄張り意識だったと思います。

●一方が他方の家に引っ越す場合の工夫

どちらかの家に新しいパートナーを迎えるケースでは、元配偶者の影がちらついて気になる、という話もよく耳にします。1章で紹介したように、とくに前パートナーが死別の場合、家に遺影や仏壇、遺品などが残っていることも少なくないようです（41頁参照）。以前の結婚生活を感じさせるものを処分したり、片づけたりしてもらっても、まだ気配が感じられて気になる場合には、たとえば壁紙を張り替えたり家具を新調したり、新しい家族の居場所を感じられるようにする工夫も必要でしょう。

経済的な負担を割りきって新しいところを選ぶのか、経済的なことを優先するのか、家族によって判断は異なると思うので、事前に話し合っておくべきことでもあります。

どちらの場合でも、これからの住まいの部屋割りなどもかならず家族間で相談をして、子どもたちの要望もきちんと聞いたうえで決めるのが理想的です。

4 再婚を周りに伝えるとき

●子ども、親、きょうだい、元配偶者に伝える

再婚を決めたとき、事前に伝えておかなくてはならない人たちがいます。わが子、親、きょうだい、それから場合によっては元配偶者へもです。

まず伝えるべき相手は子どもです。恋愛期間中から、いずれは結婚を考えていることを伝えてあれば、子ども自身も覚悟しているので、再婚を伝えるときもそう問題にはならないと思います。しかし、親に交際相手がいることも知らずに、ある日突然、親から「再婚する」と言われ、いきなり他人が同じ家に住むことになりストレスを感じつづけた、という子どもの経験談を聞くこともあります。子どもは大人以上に、新しい環境を受け入れる準備期間を必要としています。大人の考えだけで急に生活を変えてしまうような身勝手はやめましょう。そのためには交際期間中から、子どもにも将来のことをきちんと伝えていくことが必要だと思います。

ご両親やきょうだいに伝える場合も、注意が必要です。あとで詳しく書きますが、身内が再婚に反対する場合もあるかもしれません（86頁参照）。なぜ反対するのか理由を確認す

るなど、コミュニケーションをよくとっておきたいところです。

元配偶者に連絡が必要な場合もあるでしょう。たとえば養育費の取り決めがある場合には、再婚後の生活状況によって、減額や増額を相談する必要があるかもしれません。そのときになって「再婚なんて聞いていない」などと言われてもめないためにも、先に知らせておいたほうがいいと思います。面会交流がある場合も、再婚後にトラブルとなりやすいので、先に相談しておいたほうがよいかもしれません。

自分の子どもが元配偶者のもとにいる場合にも、再婚を伝える義務があると思います。離れて暮らしていても、子どもは自分の法定相続人であり、再婚によって相続の割合が変わるからという理由もあります。

●周囲に再婚家庭であることを伝えるか

次に、身内以外の周囲の人たちに対して、再婚家庭であることをどのように伝えればよいでしょうか? ステップファミリーを対象に行なったアンケートでは、ステップファミリーであることを周囲にカミングアウトしている人と、相手によっては伝えているという人と、伝えられないという人と、答えが分かれました。

ステップファミリーは、見た目には初婚の家族と変わらないので、ひとり親家庭よりもカミングアウトしづらいようです。「シングルマザーになりました」と言えば離婚したことが簡単に伝えられるのに、「ステップファミリーになりました」と言っても理解されづらいことも、周りに伝えることをためらう理由かもしれません。

言わなくてすむ相手には言わなくてもいいのかもしれませんが、言わずにいると、ふとしたきっかけでストレスを感じることがあります。たとえば、「お子さん（継子）と似てますね」などと言われたときに、実子ではないと言いだせずストレスを感じることもあるようです。私もよく、継子について「お母さん似ですね～」と言われるのですが、そんなときに「再婚なので継母ですよ」と伝えると、場の空気が固まることがあります。

ほかにも、継子の予防接種や健診などで、出産の状況や幼いころの様子を尋ねられたとき、わからずに答えられずストレスだったという話もよく聞きます。私の知人の継母は、再婚前の食生活の影響で継子に虫歯が多く、歯科検診で「虫歯は親の責任ですよ」と怒られたとき、実親でないことを言いだせず「すみません」と謝ったといいます。

私も再婚当初、2歳だった継子を予防接種に連れていきました。看護師さんが母子手帳を見て、すませていない予防接種がたくさんあることにあきれ、「お母さん、だめじゃない。いままで、なにしてたの？」と言われ、「再婚なので、この子は私の子どもではありません」と言い返したことがあります。

私のように継母であることを口にできる人なら大丈夫だと思いますが、多くの継母は先ほどの知人のように、言いだせないままストレスを感じているようです。あらかじめ母子手帳や家庭調査票に「再婚家庭につき、実母ではありません。子どものことは○歳からの様子しかわかりません」などと記載しておくといいかもしれません。

●継母であっても、社会から育児を求められる

継親、とくに継母が、継子の幼稚園や保育園、学校などで実親と同等の責任を求められ、それがストレスになることも少なくありません。

私も継子の保育園に「この子の保護者は父親なので、なにかあったら真っ先に父親に連絡を入れてください」と伝えてあったにもかかわらず、熱が出たりすると父親でなく私に連絡がきて、私が忙しくて電話に出られなかったときに文句を言われたりしました。仕方がないので、園長先生にていねいに手紙を書き、事実婚で養子縁組をしていないため私には継子の法的な保護者責任はないことなどまで説明して、理解してもらいました。

日本はまだまだ子育ての責任を母親ばかりに強いる社会なので、再婚家庭ではとくに継母のストレスが大きいのが現実です。認知度の低いステップファミリーという家族形態を周りに伝え理解を得るには、そうとうな困難があることを覚悟しておきましょう。

先輩ステファに聞く!

ステップファミリーをカミングアウトするコツ

ステップファミリーであることを周りにカミングアウトするときのコツを、先輩ステップファミリーに聞いてみました。

●自分が気にしすぎない。ステップファミリーであることに負い目を感じずに、自分の家庭はそれがふつうだと思えば、会話でもふつうに話せますよ。

●知らない方には、「私、継母だから」と気負わずに伝えました。「どう思われるか?」などという考えはもたずに、ただ淡々と事実を伝えることです。

●とにかく明るくアッサリ言っちゃうことでしょうか。自分が言いだすことに抵抗は感じませんが、相手の反応はやはり気になります。

●わざわざ言うのもなんですが、機会があれば積極的に言っちゃいます。あとあと「あれ?」って思われて探られるのも面倒なので。

●これからも長い付き合いになりそうな人には先に言ってしまうと、バツの悪い思いをせずにすむと思います。

●同い年の実子と継子（男の子と女の子）がいるので「双子? 年子?」などと聞かれ、どっちにしろ質問攻めになるので、これをきっかけにして伝えることが多いです。

●一番初めに、ステップファミリーだと堂々と言うこと。あとで言うと、タイミングやそれまでの付き合いを考えたりしなくてはならなくなり、かなり面倒なことになるので。

●うちは再婚と同時に家を買って引っ越したので、周りは知らない人だらけ。仲良くなった人から徐々に伝えていますが、びっくりする顔が面白かった。思い出すと、ププッ。

●シリアスになりすぎないこと。こちらがサラッと自然にふるまえば、相手もそんなに気にしないように思います。

●最初に言うのが肝心かな、と思います。仲良くなりすぎると言いだせません。

●うちは実子長女・継子長女・実子長男が年子になるので、学校で「似てない」と言われることが多かったのです。言われたときに、「あ～、うちは子連れ同士の再婚だから似てないのよ」と、ふつうに言っています。

●セメントベビーが「お兄ちゃんとは似てないね」と言われたりしたとき、許される相手なら「タネが違うから～」と下ネタでカミングアウトすると、相手も笑い飛ばせるので、おたがい気まずさは少ないようです。あるいは、ふつうに「再婚なんだ」と言って、相手が「え！　知らなかった」と気まずそうになったら「じつは新婚なのよ～」とおちゃらけて言うと、「あら、いいわね～」と返しやすいようです（笑）。

●子どもが隠さないことが大切です。子どもの口から自然に周りに伝わっています。

　先輩からのアドバイスは、「早めに、明るく、ありのままを伝える」というのがポイントのようです。

5 継母になるということ

●実子のように愛せないという罪悪感

ステップファミリーにはさまざまなかたちがありますが、もっともストレスを感じる大人は、継母になる人です。継母にも、自身に子どもがいる場合と、いない場合と、2通りあります。どちらにしても最初は、愛するパートナーの子だから継子を愛せるはずという自信があるでしょう。また自分にも子どもがいる場合には、子育て経験もあるし、実の子と同等に継子の世話をしていけると思っているでしょう。ところが、一緒に暮らしはじめてしばらくすると、根拠のない自信だったことに気づいて後悔することが多いようです。

冷静に考えれば継子は、愛するパートナーと元配偶者のもとに産まれた、愛の結晶です。嫌悪感を抱いたり、愛せないと思ったりすることは自然な感覚です。それなのに継母は罪悪感を抱き、母性が欠落しているのではないかと自分を責めたりしてしまいます。また、童話「シンデレラ」のように「継母とは意地悪である」と他人から思われないよう、継子を過剰に大切にしようと思ったり、周りからどう見られているのか気になって仕方なくなったりしがちです。

●自然体で接していけば、いつかは受け入れられる

日本では「子育て＝母親」という考えが強いので、なにかあるとすぐ母親に責任が押しつけられ、「だって母親でしょ？」「お母さんになる覚悟で再婚したんでしょ？」と言われてしまいます。継母の苦悩は理解されず、多くの継母はグチすら言えなくなり、ストレスを内に秘めたまま、継母であるというカミングアウトさえしづらくなっています。

私も再婚したばかりのころに、保育園の先生や一部の友人から、やたらと「お母さんなんだから……」と言われたので、「子どもの親になるために再婚したわけではありません、子どもとは養子縁組していないので、保護者扱いしないでほしい」と伝えました。先ほども書いたように、保育園の園長先生に直接、手紙を書いたこともあります。

また、子育て経験がなく継母になる人にとっては、「子どもなんてこんなもの」という割りきりができないために、つい完璧を求めてしつけに厳しくなったり、実母のようにがんばりすぎて苦しくなってしまったり、というストレスもあるようです。

このように、いくら継母になる覚悟をしているつもりでも、再婚後には未知の領域を思い知ることになります。無理に継子を愛そうと思ったり、実親のようにしつけをしようとがんばりすぎたりせず、「継子は愛せなくて当たりまえなのだ」ということを受けとめたうえで、自然体で接していけば、いつか「家族愛」が育つと考えてください。

6 生活習慣の違いの問題

●2つの家族にはそれぞれ違う習慣がある

初婚の家族でも、これまで別々に暮らしていた2人が一緒に暮らすことになると、生活習慣の違いはいろいろと目につきます。一対一の人間同士でもそうなのですから、2つの家族が暮らすことになれば、違いはたくさん出てくることでしょう。

私も夫家族と同居を始めたときは、驚くことがたくさんありました。まず、2歳の継子が毎日お風呂に入らなくても平気なことにびっくりしました。父親が忙しいときは、お風呂に入らず寝てしまう習慣があったのです。それを知って私は「絶対にありえない」と思いました。子どもは新陳代謝が活発なので、毎日お風呂に入る「べき」だと思っていたからです。そのほか、食生活での違いもたくさんありました。それぞれの好き嫌いや、子どもの食事マナーなど、本当にささいなことでいろいろと違いを感じたものです。

あるご家庭では、家のなかでスリッパをはく習慣と、はかない習慣でもめたという話も聞いたことがあります。継子が寝るまえに歯磨きをしないことでストレスを募らせているという継母の声もありました。

●無理に1つのルールにまとめようとしない

生活習慣の違いはあって当たりまえです。ある程度、覚悟をしておきましょう。どちらが正しいんだろうと考えたり、どちらかのルールに無理やり合わせようとしたりするのではなく、新しい家族のルールをつくるのがいいと思います。

また、無理に全員が足並みをそろえなくても、別々のルールがあっていいこともあります。たとえばわが家では、夫家族にはもともと、朝ご飯をきちんと食べる習慣がありませんでした。私は再婚当初、いい妻・いい母であろうと一生懸命に朝食を用意しましたが、せっかく用意しても食べられない夫と継子にストレスが募りました。ある日、「もう朝ご飯はつくらなくてもいいかな？」と聞いたら「いい」と言うので、夫家族に朝食を用意するのをやめました。いまではわが家の朝ご飯は、私と実子の分だけ用意しています。

無理に一緒にしなくてもいい習慣については別々で、一緒にしたほうがいい習慣は、どちらが正しいかと考えるのではなく、上手に歩みよりをして時間をかけて、いつの間にか気がついたら新しい家族の習慣ができあがっていた、というようなかたちがいいのではないかと思います。一緒に暮らしているうちに、自然と家族のルールや習慣はできあがりますので、あせらずにゆずりあい、歩みよるところから考えてみてください。

先輩ステファに聞く！

2つの家族の生活習慣の違い

再婚にかぎらず、初婚で夫婦2人が一緒になる場合でもかならず発生する、生活習慣のすれ違い。子どもを含めた2つの家族が一緒になるとき、どんなすれ違いが生じるのか、先輩ステップファミリーに聞いてみました。

子どもの食事に関すること

●食事どきの、わが子に対する夫のしつけが、正座、よそ見禁止の徹底など、行きすぎて虐待と感じるほどでした。

●たとえば、落としたものは食べないとか、片手だけで食べないということが、継子はしつけられてなかった。

●夫家族はテレビを見ながら食事をするのが当たりまえの日常でした。わが家は食事どきのテレビは禁止なので、ルールのすりあわせから話し合いしました。

●食事のしつけがまったく違いました。継子は嫌いなものは食べない、平気で残す、つくった人に感謝がない、「おいしい」という言葉もなく黙々と食べるなど、私にとってはナンセンスな食事風景でした。

●私は、食事は家族みんなで同じ時間に同じテーブルで同じメニューを、楽しく話しながら食べるものだと思っていました。彼は、大人と子どもは時間をずらして別のテーブルで別のメニューを、子どもはおしゃべりをせずに食べるものだと思っているようです。

●継子は魚料理が嫌いで食べられませんでした。小学生にもなって父親が身をほぐしてやらないと食べず、何時間もかけていやいや食べるといった様子で、見ていて疲れます。

●夫と継子は薄味派。生野菜にドレッシングもマヨネーズもかけずそのままむしゃむしゃ食べるのを見たときは驚きました。

子どもの生活に関すること（食事以外）

●生活全般。寝起きの時間にはじまり、食べ方、着方、掃除の仕方などなど、違いました。

●時間の使い方や、他人への思いやり方などなど、そうとう違いを感じています。

●生まれたときから、両親がいるにもかかわらず祖父母に育てられた継子。離婚して前妻が出ていってからは、さらに「かわいそうだから」と甘やかされ、なにも自分のことができない状態でした。朝、着る服を選ぶことから、歯磨き、あいさつ、配膳の手伝い、なにひとつできなかった。

●食事のマナー、就寝時間、おやつの有無、大人に対しての接し方など、子どもへのしつけの部分がまったく違いました。

●継子が、「いただきます」にはじまり、「ありがとう」「ごめんなさい」など、あいさつ全般を言えなかったこと。年長だった継子次男は、自分で歯磨きもできなかった。

●夫が自分の子（私にとっての継子）にすぐにお菓子を買ってあげる。継子は歯磨きのあとに牛乳を飲む。セメントベビーには、この牛乳だけは許さないようにしたいです。

●おたがいの子どもに対して、ささいなことで違いを感じます。たとえば、宿題をする姿勢、食事のマナー、大人への口のきき方など、数えればきりがないです。

●子どもたちの育ち方が全然違いました。私の子はあいさつができるのに、夫の子はできないなど。

●継子は小学生にもなって、自分の着る服を自分で決められませんでした。決めさせてみると、冬なのに夏のキャミソールワンピースを平気で着たりします。ズレているにもほどがあります。

●継子がスリッパをはかない、朝ごはんを食べない、学校を平気で休んだり遅刻したりすること。

●保護者（彼とその両親）の継子に対する干渉度と継子たちの大人への依存度がかなり高いと思います。面倒をみているのが祖父母なので、甘いというか、自分でなにかをすることが少ない！

●夫は、なんでも口を出し手を貸してしまう子育て、私は、失敗してもとりあえず自分で考え行動させる子育て、と正反対でした。

夫にびっくり

●とにかく主人がだらしないことに驚きました。なのに子どもたちには「きちんとしろ！　片づけろ！」って（笑）。おまえが先にやれ！　って感じです。

●夫も継子も、風呂に入らず歯も磨かないで平気で寝るところ。本気で嫌いになるかと思いました（笑）。

●私は親せきも多く、付き合いも多い。だけど夫の親せきは少なく、付き合いもほとんどない。夫に合わせると親せき付き合いが皆無状態になるので、なんだか寂しくなります。

●夫の家は記念日を大切にするので（私の実家はあまりしない）、いつも「お祝い、お祝い」と言っていることに、イラッとしたりします。

●私の親はせっかちで、私も時間には比較的しっかりしていますが、旦那側はみんなのんびり。イライラします。

●私は、タオルというのは手を洗ったあとの水気をとるものだと思っていたのですが、夫は、手をよく洗わず直接タオルに手の汚れをなすりつける傾向があります。継子にもややその傾向が。タオルがすぐ黒くなるので悲しい。

●継子が、ベッドの中になんでも平気で入れます。工作の紙くずや小さなぬいぐるみなど。汚いので注意していたら、夫のベッドの上にも飲み終わったビールの空き缶が……。この親あってこの子どもだわと、あきれました。

●最初、夫が新聞をしわしわにして読むのに泣かされました。そっと紙をめくってほしいと頼みました。最近は私のあとに読みます。

　他人が集まって、ステファ生活は始まります。ルールも2つあります。最初はいろいろと、とまどうことも多いようです。

7 元配偶者との関係〈実親の心得〉

●大人同士が子育てに協力しあえる関係が理想

子どもがいる場合の離婚では、夫婦の縁は切れても、元配偶者が子どもの親であることには変わりなく、関係が続きます。離婚後も再婚後も、子どもにかかわるすべての大人たちが「子育て共同体」として良い関係を築き、力を合わせていければ理想的ですが、実際にはさまざまなすれ違いがあって別れた元夫婦です。いまさら良好な関係を築くのは難しく、いっそ再婚を機にかかわりをなくしてしまいたいと思う人が多いのも現実です。

ステップファミリーという存在が社会に浸透しているアメリカでは、離婚した夫婦がそれぞれ再婚し、双方の家族が親しくお付き合いして「拡大家族」のような関係を築いている例もあるようです。日本ではそんな家族はなかなかみられませんが、「拡大家族」をめざして努力中のステップファミリーも何組か知っています。

●元配偶者とのトラブルに再婚相手を巻き込まない

離婚経験のある方にお伝えしたいのは、再婚後、元配偶者とのあいだに起きやすいトラブルについてです。大きくは「1―ルールを守らない面会交流」「2―別れた相手の悪口を子どもに言う」「3―再婚相手に対する配慮のない態度」の3つです。このうち1と2に関しては、2章「元の家族との関係」（57頁）でもふれたように、事前に元配偶者と話し合い、面会交流などのルールをつくっておけるとよいでしょう。

とくに注意しなければならないのは「3―再婚相手に対する配慮のない態度」です。元配偶者と直接交渉することを避けていると、再婚相手が元配偶者との交渉を引き受けてしまうことがあります。再婚相手は予想以上のストレスを抱え、夫婦の絆まで壊れてしまうこともあります。元配偶者との交渉はあくまでも本人の責任ですべきことです。元配偶者に話が通じない場合もあるかもしれませんが、そんなときは上手に自分でストレスを発散しましょう。再婚相手を巻き込んではいけません。

それから、別れた夫婦が連絡を取り合うのは、子どものことでなにか相談をしなくてはならないときだけにしましょう。たまに共依存関係にある元夫婦がいます。一方は「やっぱり自分がいないとダメなんだ」という優越感を抱き、他方は「頼りにすれば助けてくれる」という甘えを抱き、依存しあう関係です。思い当たるふしがある人は注意しましょう。別れた夫や妻と必要以上に交流をもたないことが、再婚相手への配慮でもあります。

すぐに理想的な関係が築けなくても、続ける努力をしていくことで、いつかきっと再婚してよかったなと思える日がきます。根気よくがんばりましょう。

ケース8 真紀子さんの場合〈ステップファミリー歴・事実婚9か月（入籍予定）〉

家族構成…妻・真紀子さん（40歳）、夫（46歳）、夫の子（女10歳）

近所に住む気性の激しい元妻

石本真紀子さんは海外で暮らすステップファミリー予備軍です。40歳には見えない若々しさで、教師という職業柄もあってか、しっかりとした印象の女性でした。現在はシングルファザーである彼と一緒に暮らして9か月になります。

彼の離婚は5年ほどまえのこと。妻の気性が激しく夫婦ゲンカが絶えず、当時5歳半だった子どもの親権を彼がもち離婚しました。離婚後、元妻は彼と子どもの家の徒歩圏内に住み、子どもが1週間交代で両親の家を行き来するかたちの共同養育を続けてきたそうです。

あるとき、子どもがいたずらで実母の靴下をはさみで切ってしまったところ、逆上した実母は「同じ思いをさせてやる！」と言い、子どもの学校の制服をズタズタに切ってしまいました。泣き叫ぶ子どもを、実母は冷たく無視したそうです。その事件からしばらく交流が途絶えていたのですが、忘れたころにまた連絡があり、面会が再開しました。

実親のペースで行なわれる面会交流にストレス

現在は元妻からひんぱんに連絡がきて、お手伝いさんを介して勝手に子どもに会いにきたり、会うたびにおもちゃやお菓子を子どもに買い与えたりすることが続いています。子どもの教育方針として、勝手に物を買い与えないでほしいということや、新しい家庭が安定するまでは面会の頻度を月1回程度にしてほしいことなどを彼から元妻に伝えてもらったところ、「私はそちらの家庭を壊そうとしてやっているわけでもないし、共同養育をしているパートナーを選んだのは真紀子さんでしょ?」と言われたそうです。

それでも真紀子さんは、10歳になる継子のために、お弁当づくりや学校行事への参加などを、自分の仕事の合間をぬってていねいにこなしています。ところが先日、ハロウィン行事の手紙が学校から届かないのを不審に思い、子どもにたずねたところ、どうやら彼と元妻が話し合って、元妻が行事に参加することになっているのを知りました。ショックを受けて彼を問いつめたところ、「元妻から行きたいと連絡があったし、きみは体調もよくないから、配慮してのことだよ」と言われたそうです。これまでに何度も話し合って、学校行事など公の場には元妻を行かせない約束をしていたので、裏切られた気分でした。

真紀子さんがせっかくていねいに築いてきた母親の領域に入り込んでくる実母は、あまりにも身勝手すぎないだろうかと、私も取材をしながら思いました。

8 親や義父母からの反対

●子連れ再婚を親が心配するのは当たりまえ

子連れで再婚することになって実親から反対されている、という悩みを聞くことがあります。身内の反対には2通りのパターンがあります。結婚にまた失敗して本人や子どもが傷つくのではないかと心配している場合と、再婚相手を信頼できずに心配している場合です。前者の場合には、時間をかければ、いずれ心配は解消されていくと思いますが、後者の場合には、なぜ相手を信頼できないのか、理由を聞いてみるといいでしょう。恋愛に盛り上がっている本人には相手の短所が見えなくなっていることが多いので、冷静な第三者の意見を聞いてみると、意外と、再婚後に出てくる問題を予測することができるものです。

また再婚すれば、子どもの祖父母としての両親の立場にも変化が生じます。離婚後、実家で子育てを手伝ってもらっている場合はとくに、祖父母は孫と別れる寂しさもあり、すぐには再婚を喜べないでしょう。さらに相手にも子どもがいる場合には、新しい孫を受け入れなくてはならない覚悟もありますし、親の気持ちもいろいろと複雑です。

再婚相手のご両親の反対にあっているという相談も多く聞きます。自分も親の立場で考えて、もし娘や息子が「連れ子のいる人と結婚したい」と言ってきたら、心配しますよね？　そう考えれば当然のことです。わが子が初婚なら、なおさら心配でしょう。

　自分の親や相手の親からの反対は、子連れ再婚においては想定内の障壁です。たとえ再婚に賛成して新しい家族を歓迎してくれたとしても、心のなかでは複雑な思いを抱えているかもしれません。そんな親の気持ちを思いやることも必要です。

●反対されてもあきらめずに時間をかけて

　親から反対されている場合、強行突破で再婚を進めるのではなく、時間をかけて理解してもらえるよう、新しい家族と親との交流の時間をつくるなどの工夫をしましょう。自分の親に対しては、はっきりと意思表示をすることです。「自分の選んだパートナーなのだから、認めて応援してほしい」と宣言することが大切です。

　どうしても認めてもらえない場合もあるでしょう。自分の再婚相手と親が良い関係を築けないと板ばさみになって苦しいものですが、そんなときはパートナーのおかれた立場を理解して、あくまでパートナーを守る態度を示しましょう。夫婦でこの状況を少しずつでもよくするためにどうしたらいいのか話し合うことが、前向きな解決につながります。

　時間が解決するということもあります。そのうちだんだんと認めてくれるようになるでしょう。わが家の場合もそうでした。あきらめずに、つねに前向きにがんばりましょう。

9 再婚のセレモニー

●式にかぎらず、なんらかの儀式を行なってみる

アメリカではファミリーメダリオン®というペンダントを交換するセレモニー（儀式）があります。ファミリーメダリオン®は重なりあった3つの輪をかたどったもので、2つの輪は結婚を、3つ目の輪は家族における子どもの重要性を表しています。夫婦で交わしたり、お子さんにプレゼントしたり、いろいろな使い方があるようですが、新しい家族となるメンバーでペンダントを交わすのは、思い出に残ると思います。

日本には、再婚のセレモニーで定番化されたものはまだありません。知人のブライダル・プランナーから、これまでは再婚の場合、式を挙げずに入籍だけする人が多かったけれど、最近では式を挙げるカップルも増えてきているという話を聞きました。日本でも「再婚ならでは」というセレモニーをそろそろ企画したほうがよいと思います。

先輩ステップファミリーに聞いてみたところ、結婚式は挙げないまでも「ブライダル写真を撮りました」「新婚旅行に行きました」「身内だけで食事会をしました」など、自分たちなりに考えて、なんらかのセレモニーを行なった家族が多いようです。

●子どもが新しい家族を実感するきっかけにもなる

私は4度結婚していますが、初婚のときはできちゃった婚で、結婚式を挙げずに入籍だけしたので、再婚では結婚式を挙げました。式を挙げることで周りに責任を宣言したような厳粛な気持ちになり、セレモニーの大切さを実感しました。そんな経験から、再婚でもなんらかの方法でセレモニーをやったほうがいいと思っています。

4度目の結婚のときは式は挙げませんでしたが、写真館でブライダル写真を撮り、そのまま新婚旅行のような気分で近くのホテルに宿泊し、夜は夫と2人きりでガーデン・ジンギスカンでディナーを楽しんだのが、ひとつのセレモニーとなりました。

子連れ再婚で式を挙げる場合によく聞かれるのは、子どもの席のことです。人によってさまざまで、新郎新婦の席に子どもも座る場合もあれば、親族席に座る場合もあるようです。また、ウエディングロードを新婦が子どもと手をつないで歩く結婚式もあるようです。これといった決まりがあるわけではありません。

どんなかたちにせよ、セレモニーというのは心構えを再確認するきっかけになります。子どもたちも親の結婚式に出席したほうが、新しい家族の一員になることを実感できます。小規模でもいいので、家族のためのオリジナルのセレモニーをぜひ考えてみてくださいね。

10 ネットワークのつくり方

●ネットの活用、シングル時代の仲間、SAJのグループワーク

ステップファミリーのネットワークは、残念ながら日本にはまだ少数しかありません。このあとの先輩ステップファミリーの声（92頁）にあるように、大きなSNS内にあるステップファミリーのコミュニティや、個人が運営するブログなどからつながりをつくっていく人が多いようです。自分でブログを立ちあげるのも、ひとつの手です。

私の経験で言うと、再婚後にネットワークをつくるのではなく、子連れ恋愛中から仲間をつくっておくのもおすすめです。シングルマザーやシングルファザーは、間違いなくステップファミリー予備軍です。すでに再婚している人を探すよりも、恋愛中のシングルマザーやシングルファザーとつながっておくと、悩みも共有しやすいと思います。私もシングルマザー時代の友人で、いまではステップファミリー仲間になっている人がたくさんいます。家族ぐるみでお付き合いできるので楽しいです。

それから私は、今回の再婚をすることになってから、SAJ（ステップファミリー・アソシエーション・オブ・ジャパン＝巻末に紹介）のグループワークに参加しました。SAJでは、

テキストを使ってステップファミリーの知識を学びながら、自分の問題を仲間に伝えあうグループワークを開催しています。初めて参加したときに、継母の立場の参加者が、継子に対する嫌悪感を素直に口にしている様子に衝撃を受け感動しました。ふだんは口にできないストレスを吐きだし、わかりあえる、安全な場所があることの必要性を感じました。

現在、ＳＡＪのグループワークは、東北・関東・中部・関西で定期的に開催されています。機会があればぜひ一度、参加されることをおすすめします。私も関東でスタッフとして参加しています。

●周りの人へのカミングアウトがきっかけになることも

ひとり親家庭に比べて、ステップファミリーは、一見して再婚家庭だとわかりにくいことも、ネットワークをつくりにくい要因になっています。自分から明るくカミングアウトすると「私もステップファミリーです」と名乗りでてくれる人もいるかもしれません。

私も、息子の中学校のＰＴＡ活動でたまたま仲良くなったお母さんにわが家の事情を話したら「うちも再婚なんだ」と言われ、ステップファミリーって意外と周りにたくさんいるのかもしれないなと思いました。

自分からカミングアウトすることも、仲間づくりのひとつのポイントですね。

先輩ステファに聞く!

ステップファミリーのネットワークをつくる工夫

同じ経験をしている者同士なら、悩みやグチをわかりあえるし、励ましあえる。先輩ステップファミリーに、仲間を見つけるコツを聞いてみました。

●「ｍｉｘｉ」のコミュニティや、ツイッターでつながりました。

●アメーバブログでいろいろな方と知り合えました。実際に会ったりしたことはない。

●アメーバの「グルっぽ」で、初めて同じ境遇の人たちに出会いました。

●「母子家庭共和国」の再婚情報をチェック。イベントなどに参加しています。

●最近、妊娠が発覚してベネッセの「ウィメンズパーク」を見ていたら「継母をやってる方、お友だちになりませんか?」という書き込みがあったので、連絡をとってみました!

●とくに工夫はないが、周りになぜか、けっこうステップファミリー多いです。隠さずにカミングアウトすることもネットワークづくりのコツかな?

●ネットで仲間ができました。(ＳＮＳの)オフ会に参加して実際に会ったり、悩みを相談したり、とても心強かったです。

●インターネットでいろいろな人の経験や悩みを読むだけでも、ひとりで抱えこまなくなる気がします。

●ＳＡＪ(ステップファミリー・アソシエーショ

ン・オブ・ジャパン）に参加してます。

●自分の立場を表明していると、同じ立場の人が寄ってくるかな～？

●「継母倶楽部《クラブ》」でステマム（＝ステップマザー＝継母）の仲間が増えました。

●オフ会には積極的に参加して、リアルに会ったりしてます。

●自分自身がブログを書くことでコメントをもらったり、メールをもらったりして、自然と友だちが増えました。

●携帯サイトでステップファミリーや継母の方のブログを読んで、メッセージを送ったりして、お付き合いしている仲間がいます。

　このほか、寄せられた回答のなかには「ネットワークづくりができないので方法が知りたい」というものも多くありました。まだまだステップファミリーのコミュニティや支援団体は少ないのが現状ですので、たとえばブログを立ち上げて情報を発信するなど、自分から声をあげて仲間を集めることも大切だと思いました。

　ただし、継母ブログというのは共感を得られるだけでなく、敵意にさらされることもあります。グチを書けば「そんなの覚悟で再婚したんでしょ！」と厳しいコメントを書かれたり、「鬼継母」呼ばわりされたりして、ブログを閉鎖してしまった人もいます。

　ブログの公開の仕方や、文章の書き方には、くれぐれも注意しましょう。

※アンケート回答に記載されたＷｅｂや携帯サイトのＵＲＬは、巻末204頁に掲載されています。

11 セメントベビーを迎える

●家族の絆を固める場合と、ひび割れさせる場合

ステップファミリーに産まれてくる赤ちゃんを「セメントベビー」と呼びます。ゆっくりと新しい家族や夫婦の絆を固めていく役割を果たすことから、アメリカのステップファミリー協会（SAA）で使われるようになった言葉です。

日本の当事者のあいだでは「セメントちゃん」などと愛称的に呼ばれることもありますが、「セメント」というとどうしても、「固くて冷たい」「コンクリート殺人（＊）」など、暗いイメージを連想する人が多いようです。インターネットでセメントベビーに関する投稿やブログを読むと、やはりこの名称に対する拒否的な意見が目立ちます。私も一時は、ほかの呼び名をできないだろうかと考えて「ボンドベビー」はどうか？　などと考えをめぐらせた時期もありました。（＊セメントはコンクリートの原材料です）

でもあるとき、「セメントベビーは家族の絆を固めるだけでなく、ひび割れさせることもある」という話を聞いて、ボンドではひび割れしないので、やはり「セメントベビー」以外の呼び名は考えられないなと思いました。

いまはネガティブなイメージかもしれませんが、これから変わっていくかもしれません。離婚者に対する「バツイチ」という呼び方も、最初はマイナスイメージでした。ところが、いまでは当事者がみずから「私、バツイチなんです」と当たりまえに口にしています。もはや、さほどネガティブなイメージはありません。きっとセメントベビーだって、言葉の認知度が高まっていくうちに、ネガティブにとらえる人は減っていくと思います。

●家族がひとつの目標に向きあうきっかけ

セメントベビーを迎えることについては、さまざまな考え方があると思います。家族の絆を固めてくれる役割に対する期待もあれば、継親にとっては実子となるセメントベビーの誕生で、継子に対する愛情が薄れてしまうのではないかという不安もあるでしょう。

セメントベビーは、家族がひとつの目標に向きあうきっかけづくりをしてくれる存在ですが、あくまできっかけでしかありません。極端に言えば、赤ちゃんではなくてペットを迎えるのでも、同じ役割を果たせると思います。

セメントベビーに過剰に期待するのではなく、夫婦それぞれが家族の絆を結束させるために自分で努力しようという意識をもったうえで、セメントベビーを迎えることこそが大切です。

ケース9 由美子さんの場合〈ステップファミリー歴4年6か月〉

家族構成…妻・由美子さん（36歳）、夫（43歳）、由美子さんの子（男12歳・女11歳）、セメントベビー（男3歳・女1歳）

●●●妊娠を機に夫が感じはじめたストレス

2年前に知り合った山本由美子さんは、自身の連れ子2人とセメントベビー2人のお子さんがいる、お洒落でかわいらしい女性です。ステップファミリーのグループワークで「このままだとセメントベビーを嫌いになりそう」と胸の内を明かした姿が印象的でした。

由美子さんと夫との出会いは職場でした。再婚して4か月後、予定外に妊娠が発覚しました。妊婦だったとき、冬の寒い日、長女が甘えて「ママ、手をつなごう！」と言ったところ、夫が横から「危ないからやめなさい！ ママが転んだらどうするんだ！ 小学生なんだから手なんかつなぐな！」と怒りだしました。そのとき由美子さんは「まだ一年生なんだから、甘えたい年齢だよ……」と思ったそうですが、口にはしませんでした。

継子を愛せないのは継母だけでなく、継父も同じです。一緒に暮らしはじめて、愛する妻にべったりと甘える継子を見て疎ましい気持ちになるのも、継親につきものの自然な感情です。継子のしつけがなっていないように感じて口に出せば妻とケンカになるし、継子たちは自分になつかない。うまく会話ができない。夫はだんだんと、新しい家庭にストレスを感じるようになっていきました。

●●●愛情の違いが子どもたちに伝わらないようにしてほしい

そんな夫を心配して、あるとき由美子さんは、夫をステップファミリーが集まるイベントに誘いました。最初は乗り気でなかった夫も、自分と同じ継父の立場の人と話すことで、無理して継子を愛さなくていいんだと思えるようになり、安心したようだといいます。

「でも安心しすぎて、開き直っているようにも感じるんですよ」と由美子さん。最近では夫が朝起きたときなど、リビングに由美子さんとセメントベビーの2人がいると「お、レギュラーメンバーがそろってるな！」と、うれしそうに口にするというのです。「隣の部屋にいる子どもたちに聞こえるのに」と由美子さんは心配します。夫がなにげなく口にする言葉や、セメントベビーだけ甘やかす態度に、愛情の違いを見せつけられているように感じるのです。「継子がかわいく思えないのはしょうがないとは思うのですが、子どもたちにそれが伝わらないようにしてほしいんですよね」と話してくれました。

セメントベビーはステップファミリーにとって「絆」といわれますが、ときとしてひび割れさせ、家族のあいだに小さな溝をつくってしまうこともあるんだなと感じました。

ケース10 薫さんの場合〈ステップファミリー歴3年8か月〉

家族構成…妻・薫さん（37歳）、夫（27歳）、薫さんの子（男16歳・男15歳）、セメントベビー（男1歳）

●●●継父というよりも兄のような関係

私と桜井薫さんは15年前、彼女がシングルマザーだった時代に知り合いました。薫さんはいつもはつらつとした、笑顔の似合う女性です。当時22歳だった薫さんは、その後2人の男の子を連れて10歳年下の男性と再婚し、セメントベビーを授かっています。

「夫にはおそらく継父であるという意識がありません。でも逆にそれがよかったのかも」と薫さん。夫と子どもたちの年齢差が10歳程度なので、父というよりも兄みたいな存在なのだとか。初めて会ったときから一緒にゲームをして盛り上がり、自然と仲良くなり、子どもとともに交際を続けてきました。同居が始まって、多少は生活習慣の違いを感じることはありましたが、彼自身がそれをストレスに感じている様子はありませんでした。

●●●セメントベビーは家族を結束させるきっかけ

セメントベビーについては夫婦で相談して、家族の関係がちゃんと安定してからにしようと決めていましたが、「長男から『お母さん、子どもをつくってもいいよ。子育てが大変だったら、おれたちも協力するから』と言われ、そろそろいいかなって思いました」と薫さんは言います。再婚から2年後に、セメントベビーが誕生しました。

「継子と実子の差別を心配しなかった？」とたずねると、「だって、15歳の子育てと赤ちゃんの子育ては違って当たりまえでしょ？」と薫さん。たしかに子どもの年齢が近いと心配もつきないのかもしれませんが、すでに14歳と15歳になった2人の継子たちは、夫にとってはセメントベビーを迎える子育て同盟のような存在だったのでしょう。

現在は、薫さんが仕事で帰りが遅い日などは、お兄ちゃんたちがセメントベビーの面倒をみて、そのあいだに夫が家事をこなしています。「セメントベビーが産まれて一番変わったのは、夫よりも2人のお兄ちゃんたちです。よく働くようになりました」と薫さん。

家族を結束させるのがセメントベビーの役割だといわれますが、薫さんは「家族をつないでいるのは私だと思う」と言います。「私が再婚したから夫と子どもたちは家族になったんだから。だからこそ私が家族をつないでいくべきなんだって思っています」。

家族の絆を強くするのは、たしかに自分自身の努力です。セメントベビーは、家族の絆を強くするきっかけとなる共同作業をもたらしただけなのかもしれません。でもそのきっかけがあってこそ、結束する家族がいるのも事実です。

4章 ステップファミリーに関する法律と手続き

法律監修――弁護士　綱藤　明

1 事実婚という選択

●法律婚と事実婚、それぞれのメリット&デメリット

ステップファミリーとは、夫婦のどちらか、あるいは両方に子どもがいる場合の再婚家庭のことをいいますが、婚姻届を出して法律婚している場合だけでなく、事実婚の場合も含みます。法律婚も事実婚も、それぞれメリットもあればデメリットもあります。

事実婚とは、婚姻届を出していない、つまり入籍はしていないけれど、事実上の婚姻関係にある状態をいいます。内縁と同義です。

メリットとしては、夫婦のどちらかが姓を変更する必要がないため、不公平さがありません。また、家と家の結びつきや、親せき関係などに縛られない自由さがあり、両者の意思だけを絆とするため、たがいの気持ちをつねに確認しあうことで、よい関係性が保たれる面があります。

デメリットは、セメントベビーができたとき、法律婚のように嫡出子と認められず、無条件に非嫡出子とされてしまうことです。

私の知人のシングルマザーは最初、事実婚で再婚しました。セメントベビーの誕生を機

に入籍しましたが、お子さんが誕生したらすぐに籍を抜いて、ペーパー離婚したそうです。その理由は、夫婦別姓を貫きつつ、子どもの戸籍上の扱いを嫡出子にしたいから、ということでした。

このように、再婚するにあたっては、初婚の場合と違って、自分と相手の戸籍だけでなく、子どもたちの戸籍のことも考えなくてはなりません。

じつは、私も事実婚です。夫の希望もあって一度は入籍をして、日常ではペンネームに使っている「新川」姓で生活していましたが、「新川」姓で契約行為をできないことや、夫と養子縁組をしていないわが子と同一の戸籍に入れないこと、わが子と同じ姓を名乗れないことの不都合を痛感し、ペーパー離婚をして事実婚に戻りました。

●住民票の記載変更で、法律婚と同等の行政サービスを受けられる

事実婚の場合は、相続財産の分与にも制限があります。パートナーが遺言で相続人として指定されていない場合には、ほかに相続人がおらず（民法９５８条２）、かつ家庭裁判所に特別縁故者（民法９５８条３）と認定された場合のみ、相続財産の分与を受けることができます。

また、事実婚の場合、所得税法における配偶者控除の対象にもなりません。会社によっては、家族手当や住宅手当などが受けられない場合もあります。

ただし行政サービスにおいては、両者が独身であれば、住民票の続柄記載を「夫（未届）」または「妻（未届）」として届けることで、法律婚の夫婦と同等に扱われます。

私のように、仕事上、夫婦別姓のほうがメリットがあるケースでは事実婚が適していると思いますが、再婚して夫と同じ苗字に変わることに喜びや安心感を感じる女性のほうが多いでしょうか。その場合は、法律婚のほうが適しているかもしれません。

ただし、継子に対する責任やパートナーの親せきとの関係などでストレスを感じる場合には、最初から無理に法律婚をしないで、事実婚からスタートしてみるというのも、ステップファミリーならではの選択といえるのではないでしょうか？

■事実婚の場合の住民票サンプル

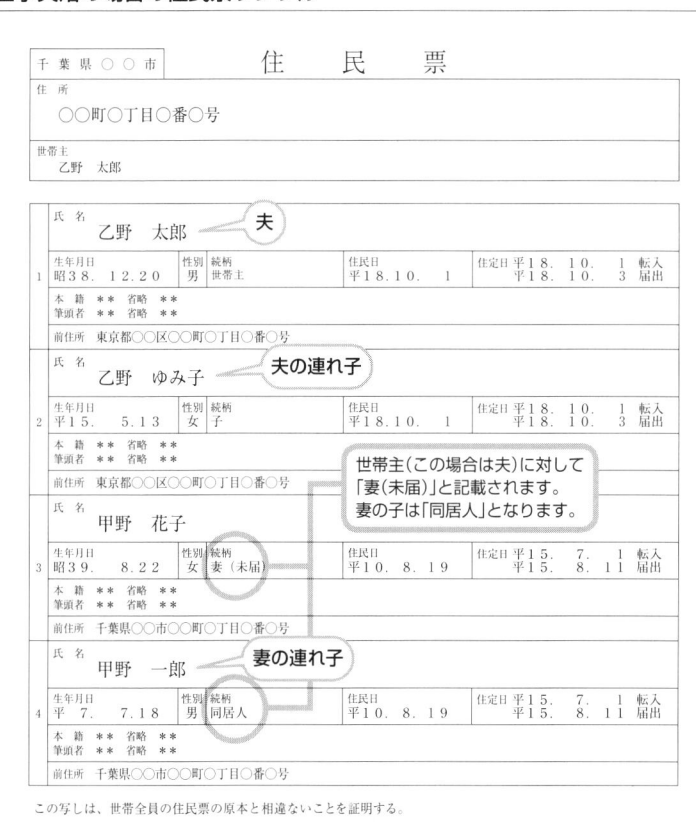

千葉県○○市

住　民　票

住所
○○町○丁目○番○号

世帯主
乙野　太郎

	氏名	生年月日	性別	続柄	住民日	住定日	本籍	筆頭者	前住所
1	乙野　太郎	昭38. 12.20	男	世帯主	平18.10. 1	平18. 10. 1 転入 平18. 10. 3 届出	＊＊ 省略 ＊＊	＊＊ 省略 ＊＊	東京都○○区○○町○丁目○番○号
2	乙野　ゆみ子	平15. 5.13	女	子	平18.10. 1	平18. 10. 1 転入 平18. 10. 3 届出	＊＊ 省略 ＊＊	＊＊ 省略 ＊＊	東京都○○区○○町○丁目○番○号
3	甲野　花子	昭39. 8.22	女	妻（未届）	平10. 8. 19	平15. 7. 1 転入 平15. 8. 11 届出	＊＊ 省略 ＊＊	＊＊ 省略 ＊＊	千葉県○○市○○町○丁目○番○号
4	甲野　一郎	平 7. 7.18	男	同居人	平10. 8. 19	平15. 7. 1 転入 平15. 8. 11 届出	＊＊ 省略 ＊＊	＊＊ 省略 ＊＊	千葉県○○市○○町○丁目○番○号

夫

夫の連れ子

世帯主（この場合は夫）に対して「妻（未届）」と記載されます。妻の子は「同居人」となります。

妻の連れ子

この写しは、世帯全員の住民票の原本と相違ないことを証明する。

平成２３年　２月　４日

千葉県○○市長　○○　○○

2 再婚の方法と流れ

●人によって必要な手続きの種類は異なる

この章ではこれ以降、法律婚による再婚にかかわる法律や手続きについて説明していきます。まず再婚にあたっては、婚姻届を出す入籍の時期に注意しましょう。日本では女性は「前婚の解消または取消の日から6か月を経過した後でなければ、再婚をすることができない」と定められているので（民法７３３条）、女性が再婚をするときには、気をつけなければなりません。

婚姻届を出すだけでよい初婚と違って、子連れ再婚の場合には、ほかにも手続きしなくてはならないことがいくつかあります。

最初に考えなくてはならないことは「子どもの親権者をどう定めるか」という点と、「子どもの養子縁組をどうするか」という点の2つです。この2点をどうするかによって、これから必要な届出の種類や手続きの順序が異なってきます。

このあと、親権や養子縁組について詳しく説明します。

■再婚の流れをモデルケースで見てみよう！

〈おたがいに子どもがいて再婚する場合〉

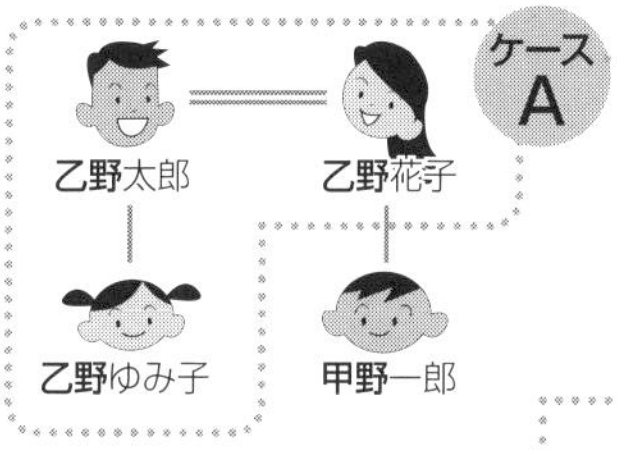

親だけが同じ戸籍に入る
花子さんの入籍で
３人は同姓の「乙野」になりますが、
一郎は「甲野」のまま１人の戸籍になります。

親子全員が同じ戸籍に入る
みんなが同じ戸籍に入るためには、
一郎が太郎と養子縁組をするか
「子の氏の変更」をするかを選択し、
入籍届を提出します。養子縁組をすると、
太郎は一郎の親権者にもなります。

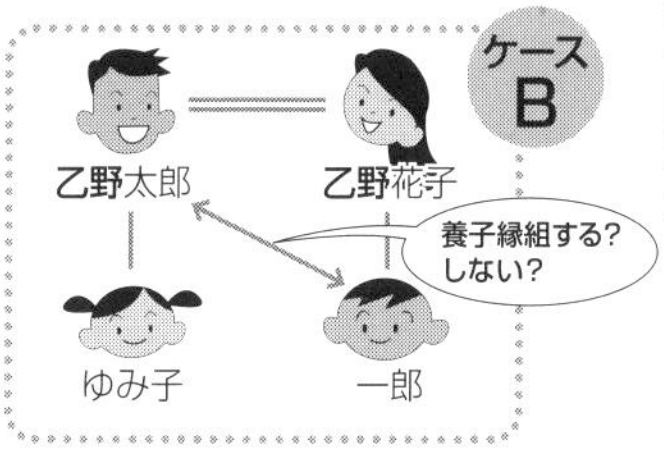

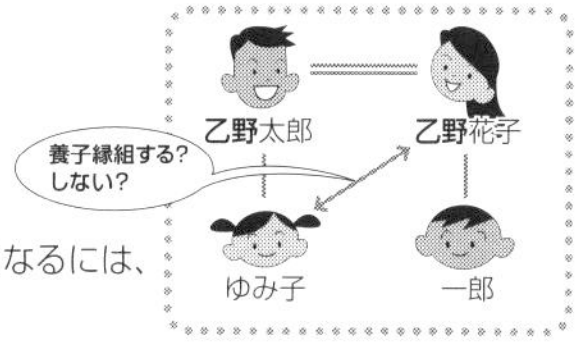

同様に、花子がゆみ子の親権者になるには、
養子縁組が必要となります。

このように、子どものいる再婚は、婚姻届を出すだけではすまない手続きがたくさん発生します。また、それぞれの事情により、このモデルケースよりも複雑な手続きをしなくてはならないこともあります。

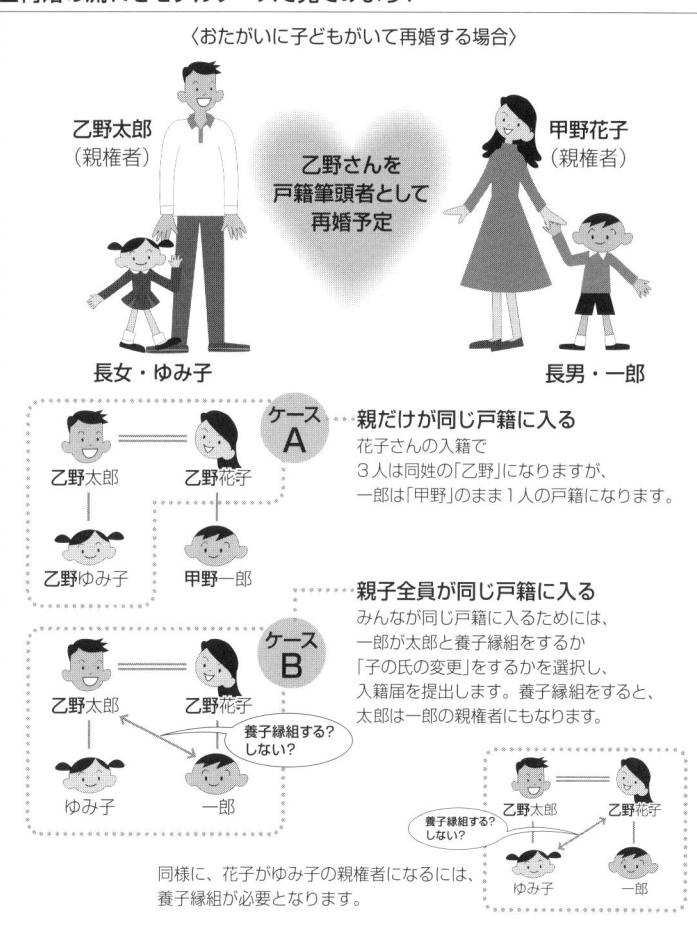

3 再婚における親権

●離婚後は夫婦のどちらかが子どもの親権者となる

「親権」というのは、未成年の子を監護・教育し、その財産を管理するため、その父母に与えられた身分上および財産上の権利・義務の総称です。

ふだん、あまり意識していないかもしれませんが、結婚しているときには両親が子どもの親権者になっています（共同親権）。離婚や死別によって、両親のどちらかが親権者になります（単独親権）。未成年の子どもがいる場合には、親権者の取り決めなしに離婚することはできません（民法８１９条１）。

再婚夫婦にそれぞれ子どもがいる場合、それぞれが配偶者の子どもたちと養子縁組（法的に実の親子関係を結ぶ行為）をすれば新しい夫婦の共同親権となりますが、養子縁組をしなければ、夫婦は結婚してもそれぞれの子どもは実親のみの単独親権のまま変わりません。

●元配偶者が親権者で、協力を得られない場合

子連れ再婚をする人は、ほとんどのケースで子どもの親権者だと思いますが、まれに、

「監護者」であるが「親権者」ではない、という場合もあります。離婚に際して「親権」と「身上監護権」とを切り離し、親権者とは別に監護者を定めることができるためです。

このように、元配偶者が子どもの親権者となっている場合には、再婚するにあたって注意が必要です。

次の項(112頁)で詳しく説明しますが、養子縁組や、子どもの氏《うじ》(姓)の変更手続きを行なう場合、子どもが15歳未満のときは、親権者の承諾が必要です。ですから、もし親権者である元配偶者が反対したり、協力的でなかったりする場合には、親権者を変更しないと、子どもの氏の変更や、養子縁組を行なえないことになります。

ですから、お子さんの親権者が元配偶者の場合には、再婚により親権者変更を行なうか行なわないかを、争いになるまえに、元配偶者と話し合う必要があります。

実際に親権者を変更するには、家庭裁判所に「親権者変更調停の申し立て」をして、かならず調停で話し合わなければなりません(民法819条6)。

なお、(親権がある配偶者との)再婚にともなって養子縁組を行なう場合には、家庭裁判所の許可は不要で(民法798条但し書き)、婚姻届と同時に役所に提出することも可能です。

実際、同時に届け出る人が多いようです。

親権の変更を求める未成年の子について記入してください。

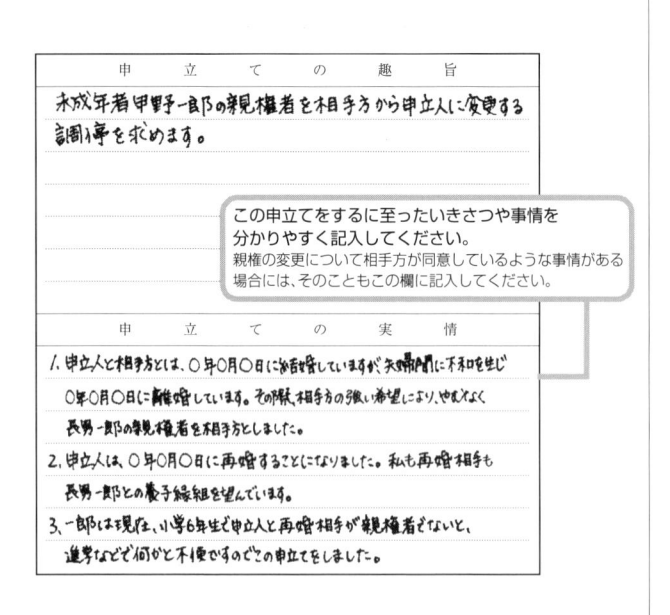

※ 未成年者		
	本籍	（戸籍の添付が必要とされていない申立ての場合は，記入する必要はありません。） 都道府県 相手方の本籍と同じ
	住所	〒　－　電話（　） 申立人の住所と同じ（　方）
	連絡先	〒　－　電話（　） （　方）
	フリガナ 氏名	元《モト》野《ノ》 一郎《イチロウ》　大正 昭和 平成 ○年○月○日生
	職業	○○小学校6年生

申立ての趣旨
未成年者甲野一郎の親権者を相手方から申立人に変更する調停を求めます。

この申立てをするに至ったいきさつや事情を分かりやすく記入してください。

親権の変更について相手方が同意しているような事情がある場合には、そのこともこの欄に記入してください。

申立ての実情
1. 申立人と相手方とは、○年○月○日に結婚していますが、夫婦間に不和を生じ○年○月○日に離婚しています。その際、相手方の強い希望により、やむなく長男一郎の親権者を相手方としました。
2. 申立人は、○年○月○日に再婚することになりました。私も再婚相手も長男一郎との養子縁組を望んでいます。
3. 一郎は現在、小学6年生で申立人と再婚相手が親権者でないと、進学などで何かと不便ですのでこの申立てをしました。

■親権者変更調停申立書のサンプル

（離婚後、子を養育している母が親権者を自分に変更する調停を求める場合）

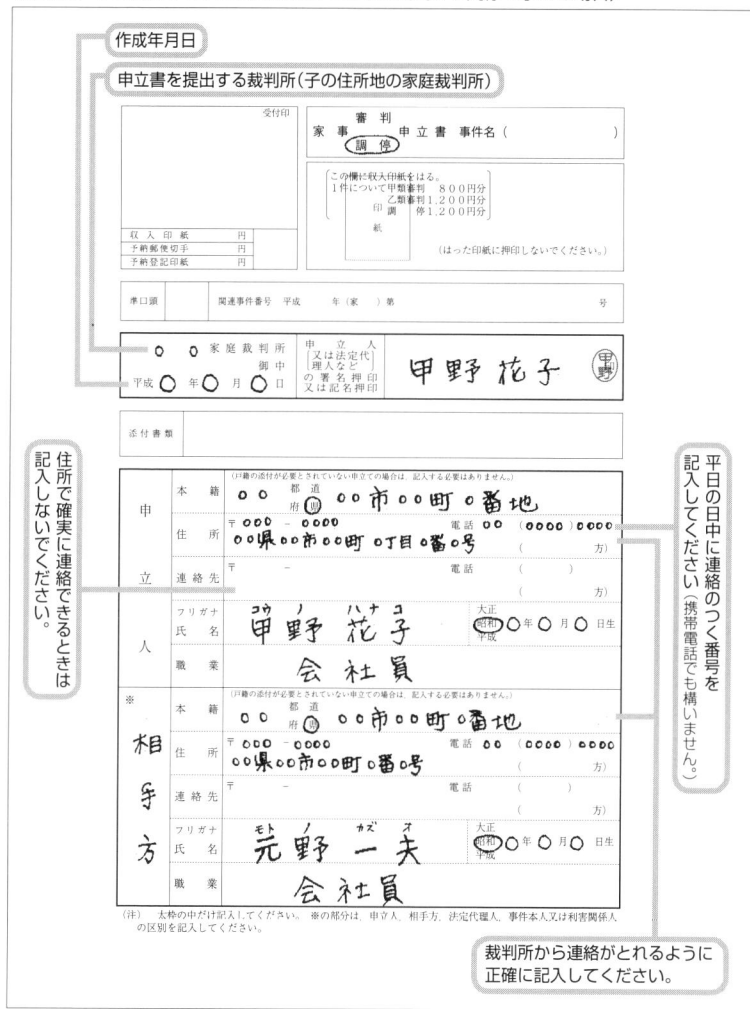

作成年月日

申立書を提出する裁判所（子の住所地の家庭裁判所）

受付印	家事 審判／調停 申立書 事件名（ ）
	この欄に収入印紙をはる。 1件について甲類審判 800円分 乙類審判1,200円分 調停1,200円分 印紙 （はった印紙に押印しないでください。）
収入印紙 円 予納郵便切手 円 予納登記印紙 円	

準口頭		関連事件番号 平成 年（家 ）第 号

○○ 家庭裁判所 御中 平成○年○月○日	申立人〔又は法定代理人など〕の署名押印又は記名押印	甲野花子（甲野）

添付書類	

申立人	本籍	（戸籍の添付が必要とされていない申立ての場合は，記入する必要はありません。） ○○ 都道府県 ○○市○○町○番地
	住所	〒○○○－○○○○ 電話 ○○（○○○○）○○○○ ○○県○○市○○町○丁目○番○号 （ 方）
	連絡先	〒 － 電話 （ ） （ 方）
	フリガナ 氏名	甲《コウ》野《ノ》花《ハナ》子《コ》 大正／昭和／平成 ○年○月○日生
	職業	会社員
※ 相手方	本籍	（戸籍の添付が必要とされていない申立ての場合は，記入する必要はありません。） ○○ 都道府県 ○○市○○町○番地
	住所	〒○○○－○○○○ 電話 ○○（○○○○）○○○○ ○○県○○市○○町○番○号 （ 方）
	連絡先	〒 － 電話 （ ） （ 方）
	フリガナ 氏名	元《モト》野《ノ》一《カズ》夫《オ》 大正／昭和／平成 ○年○月○日生
	職業	会社員

（注） 太枠の中だけ記入してください。 ※の部分は，申立人，相手方，法定代理人，事件本人又は利害関係人の区別を記入してください。

住所で確実に連絡できるときは記入しないでください。

平日の日中に連絡のつく番号を記入してください（携帯電話でも構いません。）

裁判所から連絡がとれるように正確に記入してください。

4 再婚における養子縁組と戸籍

●かならずしも養子縁組が必要なわけではない

取材をとおして何人かの子連れ再婚経験者に、なぜ養子縁組をしたのか、その理由についてたずねたところ、「養子縁組をしないという選択肢があるなんて知らなかった」という答えが返ってきました。

役所で「再婚の手続きをしたい」と告げたら養子縁組届を渡され、「養子縁組をするなら、婚姻届と一緒に提出してください」と言われたため、自分にとっての養子縁組の必要性をとくに考えず、ただ届出をしてしまったという方もいるようです。

養子縁組とは、実際の血縁関係とは無関係に、人為的に親子関係を発生させる制度です。養子縁組による親のことを「養親」、子どものことを「養子」あるいは「養女」と呼びます。養子縁組をすると法律上の親子関係が発生するので、再婚相手は実親と同様に子ども（養子）の養育義務を負うことになります。

養子縁組の必要性については、再婚するご夫婦の考え方次第だと思いますが、法律婚と事実婚の違いのように、気持ちの問題がかなり大きい気がします。「法律婚をしていないと夫婦じゃない気がする」と思う方がいるように、「養子縁組をしていないと親子じゃない気がする」と感じる方は、家族の絆を感じるために養子縁組を必要と考え、再婚と同時に養子縁組を行なうようです。

　日本の再婚家庭は養子縁組をするほうが多いですが、離婚後も子どもが元の両親の共同親権に服するアメリカなどの国では、養子縁組をするほうがまれだと言うと、みなさんびっくりされます。

●養子縁組はいつでもできるので、急がずに考える

　ここからは私の個人的な意見になりますが、養子縁組は慎重に考えて、時期を見はからってすればいいのではないかと思います。場合によっては、養子縁組をしないという選択もありです。

　相手に子どもがいる場合と、自分に子どもがいる場合と2通りありますが、とくに相手の子どもと養子縁組をするのは、自分が継親と見られることに慣れてからのほうがいいと思います。覚悟もないままに養子縁組をすると、いきなり親という立場に立たされ、ストレスが募ります。

　3章でも書いたように、とくに継母になる人は、世間から「母」として育児の責任を押しつけられがちなので、つらい思いをすることがあります。でも、再婚の際に養子縁組を

しなければ「子どもの親になるために再婚したわけじゃありません」と言えるので、逃げ道を残せる気がします。私見ではありますが、私自身が養子縁組をしない選択をしたのも、このためです。

養子縁組によって子どもの姓が変わる場合には、さらに慎重にならなくてはなりません。親の都合で苗字が変わることを、子どもが素直に受け入れられるかを考慮する必要があります。養子縁組をせず再婚する場合は、実の親子の姓が別になることがありますが、学校などでは保護者名を子どもの姓に合わせて通称で名乗ることができますので、とくに問題はありません。大切なのは、子ども自身の名前へのこだわりなど、子どもの気持ちを尊重してあげることです。

なお、養子縁組をしないと、再婚相手が亡くなったときに、お子さんには相続の権利がありません。そのために養子縁組をしたという意見も多くみられますが、遺言状を作成すれば、遺産の一部を譲り渡すことは可能です。

養子縁組は再婚と同時でなくても、いつでもすることができるので、メリットとデメリットを考慮して、急がずに考えていけばいいのではないかと思います。

●養子縁組をせずに、姓と戸籍を親子で同一にする方法

再婚をする場合、婚姻後に夫と妻どちらの姓を名乗るのかをまず決めなくてはなりませ

んが、このとき姓を選ばれたほうが、戸籍筆頭者となります（戸籍法６条）。

子どもが母の戸籍に入っている場合、母が再婚して夫となる人の戸籍に入っても、それだけでは子どもの戸籍に変化は生じません。戸籍筆頭者が不在の戸籍に子どもだけが残るかたちとなり、子どもは母の旧姓のままです。再婚で自動的に姓が変わるのは母（妻）だけです。

このとき、再婚相手である夫と子どもが養子縁組を行なうと、子どもの戸籍も母と同様、夫となる人の戸籍に入ります。そして養子は養親と同じ姓を名乗ることになり、親権は養親と実親が共同でもつこととなります。

ただし、養子縁組を行なわない場合でも、子どもが新しい夫婦と同一の籍に入り、同じ姓を名乗ることは可能です。そのためには、家庭裁判所に子どもの氏の変更許可を申し立てる必要があります（民法７９１条）。新しい夫婦と同一の姓になれば、養子縁組をしなくても同一の戸籍に入ることができるのです。ですが、再婚相手と子どもとのあいだに親権をともなう関係が発生するわけではないので、戸籍上の子どもの続柄は「妻の子」となります。

順序としては、まず先に婚姻届を出してから、家庭裁判所に「子の氏の変更許可の申し立て」をします。家庭裁判所の許可が出たら、役所に「入籍届」を提出することになります。

記入の注意

鉛筆や消えやすいインキで書かないでください。

届書は、1通でさしつかえありません。

この届書を本籍地でない役場に出すときは、戸籍謄本または戸籍全部事項証明書が必要ですから、あらかじめ用意してください。

養子になる人が未成年で養親になる人が夫婦のときは、一緒に縁組をしなければいけません。

養子になる人が未成年のときは、あらかじめ家庭裁判所の許可の審判を受けてください。

養子になる人が十五歳未満のときは、その法定代理人が署名押印してください。また、その法定代理人以外に監護をすべき者として父又は母（養父母を含む。）が定められているときは、その者の同意が必要です。

筆頭者の氏名欄には、戸籍のはじめに記載されている人の氏名を書いてください。

	養親になる人			
（よみかた）	おつの	たろう		
氏名	養父 氏 乙野	名 太郎	養母 氏	名
生年月日	昭和 ○年 ○月 ○日		年 月 日	
住所 （住民登録をしているところ）	○○県○○市○○町○丁目 ○番地/番 ○号			
	（よみかた） おつの たろう 世帯主の氏名 乙野太郎			
本籍 （外国人のときは国籍だけを書いてください）	○○県○○市○○町○丁目 ○番地/番			
	筆頭者の氏名 乙野太郎			
その他				
新しい本籍（養親になる人が戸籍の筆頭者およびその配偶者でないときは、ここに新しい本籍を書いてください） 番地/番				
届出人署名押印	養父 乙野太郎 ㊞（乙野）		養母 印	

字訂正
字加入
字削除
届出印

	証人	
署名押印	本郷次郎 ㊞（本郷）	文京町子 ㊞（文京）
生年月日	昭和 ○年 ○月 ○日	昭和 ○年 ○月 ○日
住所	○○県○○市○○町 ○丁目 ○番地/番 ○号	○○県○○市○○町 ○丁目 ○番地/番 ○号
本籍	○○県○○市○○町 ○丁目 ○番地/番	○○県○○市○○町 ○丁目 ○番地/番

■養子縁組届のサンプル（夫が筆頭者で、妻の連れ子と養子縁組する場合）

養子縁組届

平成　年　月　日 届出

長 殿

受理 平成　年　月　日 第　　号	発送 平成　年　月　日
送付 平成　年　月　日 第　　号	長 印

書類調査	戸籍記載	記載調査	附票	住民票	通知	

	養子になる人			
（よみかた）	こうの	いちろう		
氏名	養子 氏 甲野	名 一郎	養女 氏	名
生年月日	平成○年○月○日		年　月　日	
住所 （住民登録をしているところ）	○○県○○市○○町○丁目　○番地 番　○号			
	（よみかた）おつの たろう 世帯主の氏名 乙野太郎			
本籍 （外国人のときは国籍だけを書いてください）	○○県○○市○○町○丁目　○番地 番			
	筆頭者の氏名			
父母の氏名 父母との続き柄	父 元野一夫 母 乙野花子	続き柄 長男	父 母	続き柄 女
入籍する戸籍または新しい本籍	☑養親の現在の戸籍に入る　□養子夫婦で新しい戸籍をつくる □養親の新しい戸籍に入る　□養子の戸籍に変動がない			
	番地 番			
	筆頭者の氏名			
監護をすべき者の有無	（養子になる人が十五歳未満のときに書いてください） □届出人以外に養子になる人の監護すべき□父 □母 □養父 □養母がいる ☑上記の者はいない			
届出人署名押印	印		印	

字訂正 字加入 字削除	
届出印	

	届出人 （養子になる人が十五歳未満のときに書いてください）	
資格	親権者（□父 □養父）□未成年後見人 □特別代理人	親権者（☑母 □養母）
住所	番地 番　号	○○県○○市○○町 ○丁目　○番地 番　○号
本籍	番地 番　筆頭者の氏名	○○県○○市○○町 ○丁目　○番地 番　筆頭者の氏名 乙野太郎
署名押印	印	乙野花子　（印）
生年月日	年　月　日	昭和○年○月○日

連絡先	電話（000）000-0000番 （自宅）・勤務先・呼出　方

裁判所HPにある記入例を一部アレンジして掲載
http://www.courts.go.jp/saiban/tetuzuki/syosiki/pdf/k01_07_02konouzi.pdf

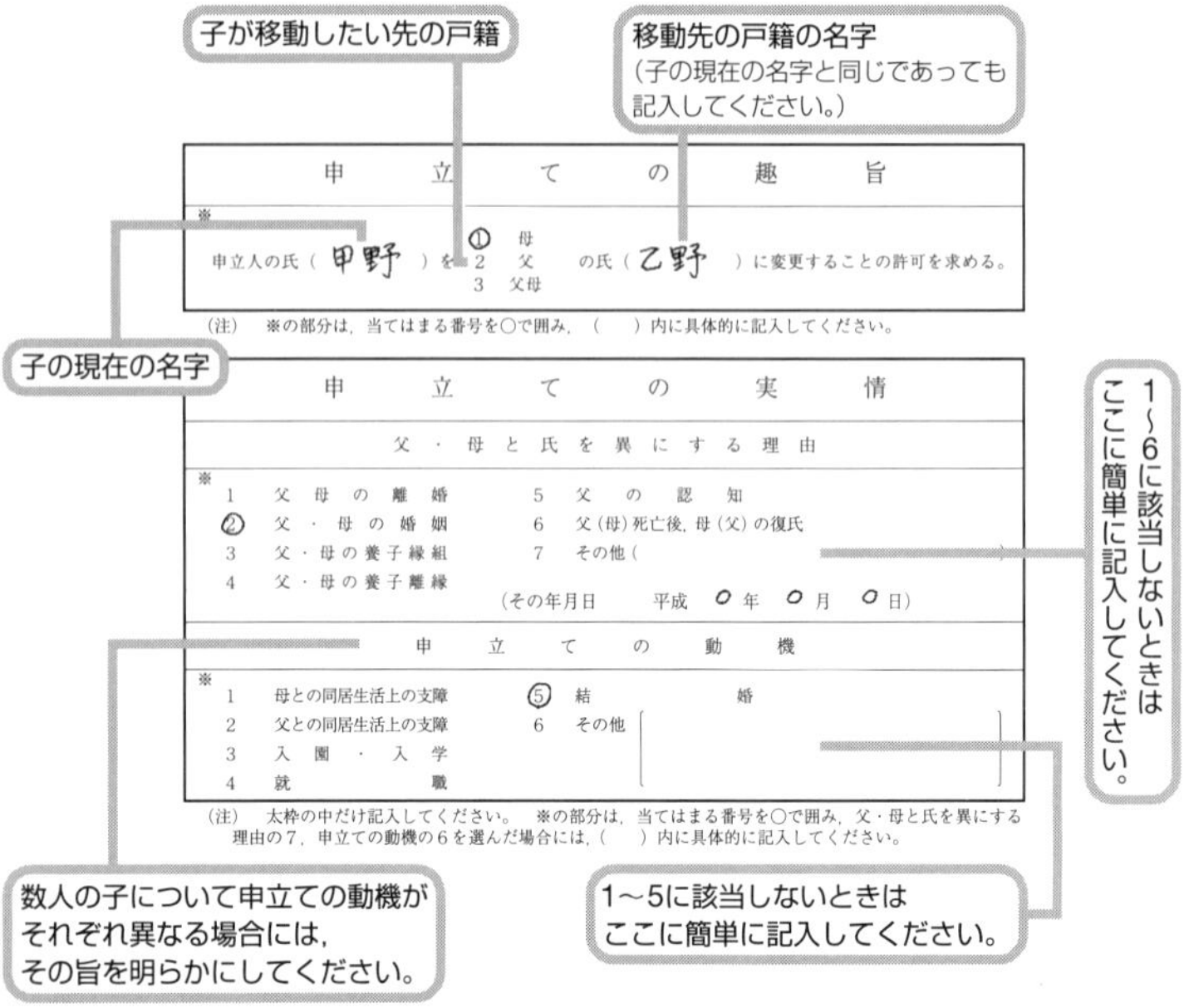
子が移動したい先の戸籍
移動先の戸籍の名字
（子の現在の名字と同じであっても記入してください。）
子の現在の名字
1～6に該当しないときはここに簡単に記入してください。
数人の子について申立ての動機がそれぞれ異なる場合には，その旨を明らかにしてください。
1～5に該当しないときはここに簡単に記入してください。

申　立　て　の　趣　旨

※
申立人の氏（甲野）を ①母 2 父 3 父母 の氏（乙野）に変更することの許可を求める。

（注）　※の部分は，当てはまる番号を○で囲み，（　　）内に具体的に記入してください。

申　立　て　の　実　情

父・母と氏を異にする理由

※
1　父母の離婚　　5　父の認知
②　父・母の婚姻　　6　父（母）死亡後，母（父）の復氏
3　父・母の養子縁組　　7　その他（　　）
4　父・母の養子離縁
（その年月日　平成　○年　○月　○日）

申　立　て　の　動　機

※
1　母との同居生活上の支障　　⑤　結婚
2　父との同居生活上の支障　　6　その他（　　）
3　入園・入学
4　就職

（注）　太枠の中だけ記入してください。　※の部分は，当てはまる番号を○で囲み，父・母と氏を異にする理由の7，申立ての動機の6を選んだ場合には，（　　）内に具体的に記入してください。

■子の氏の変更許可申立書のサンプル（申立人が15歳未満の場合）

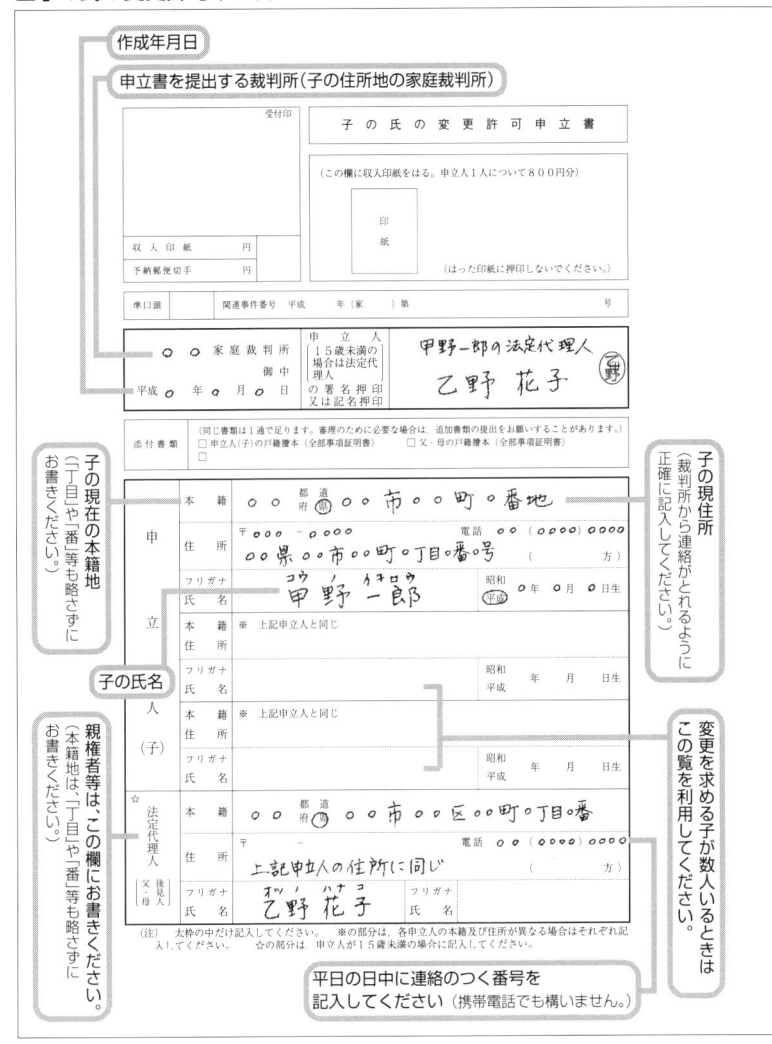

作成年月日

申立書を提出する裁判所（子の住所地の家庭裁判所）

受付印	子 の 氏 の 変 更 許 可 申 立 書
収 入 印 紙　　円 予納郵便切手　　円	（この欄に収入印紙をはる。申立人１人について８００円分） 印紙 （はった印紙に押印しないでください。）

準口頭		関連事件番号　平成　　年（家　　）第　　　号

○○家庭裁判所 御中 平成○年○月○日	申立人 （１５歳未満の場合は法定代理人） の署名押印又は記名押印	甲野一郎の法定代理人 乙野花子　㊞

添付書類	（同じ書類は１通で足ります。審理のために必要な場合は，追加書類の提出をお願いすることがあります。） □ 申立人（子）の戸籍謄本（全部事項証明書）　□ 父・母の戸籍謄本（全部事項証明書） □

申立人（子）	本籍	○○都道府県○○市○○町○番地		
	住所	〒○○○－○○○○　電話 ○○（○○○○）○○○○ ○○県○○市○○町○丁目○番○号（　　方）		
	フリガナ 氏名	甲野《コウノ》一郎《イチロウ》	昭和 平成	○年○月○日生
	本籍 住所	※　上記申立人と同じ		
	フリガナ 氏名		昭和 平成	年　月　日生
	本籍 住所	※　上記申立人と同じ		
	フリガナ 氏名		昭和 平成	年　月　日生
☆法定代理人〔父・母 後見人〕	本籍	○○都道府県○○市○○区○○町○丁目○番		
	住所	〒　－　電話 ○○（○○○○）○○○○ 上記申立人の住所に同じ（　　方）		
	フリガナ 氏名	乙野《オツノ》花子《ハナコ》	フリガナ 氏名	

（注）　太枠の中だけ記入してください。　※の部分は，各申立人の本籍及び住所が異なる場合はそれぞれ記入してください。　☆の部分は，申立人が１５歳未満の場合に記入してください。

子の現在の本籍地（「丁目」や「番」等も略さずにお書きください。）

子の現住所（裁判所から連絡がとれるように正確に記入してください。）

子の氏名

親権者等は、この欄にお書きください。（本籍地は、「丁目」や「番」等も略さずにお書きください。）

変更を求める子が数人いるときはこの覧を利用してください。

平日の日中に連絡のつく番号を記入してください（携帯電話でも構いません。）

●実親との法的関係を消滅させる「特別養子縁組」という制度

養子縁組には「普通養子縁組（一般養子縁組）」と「特別養子縁組」の2種類があります。普通養子縁組とは、子どもとその実親との（法的な）親子関係を存続させたまま、養子と養親との親子関係も発生させるという、いわば二重の親子関係となる縁組のことをいいます。通常、養子縁組といえば普通養子縁組を指します。

特別養子縁組というのは、原則として6歳未満の未成年者の福祉のため、とくに必要があるときに、未成年者とその実親側との法律上の親族関係を消滅させ（民法817条9）、実親子関係に準じる安定した養親子関係を家庭裁判所が成立させる縁組制度です。戸籍上の記載も「養父」「養母」という記載はされずに「父」「母」という記載になります。養親となるためには、配偶者があり、原則として25歳以上の者で、夫婦共同で養子縁組をする必要があります。

普通養子縁組は、養子縁組届を提出するだけでいつでもできますが（民法799条）、特別養子縁組は家庭裁判所の審判がないと成立しません（民法817条2）。また、離縁（養子縁組の解消）は原則として禁止されています（民法817条10）ので、特別養子縁組をする際には慎重な判断が必要です。

先輩ステファに聞く!

養子縁組しました・しません

養子縁組をした理由、しなかった理由について、それぞれ先輩ステップファミリーに聞いてみました。

養子縁組した理由

●保護者として、実親（夫）の義務と継子の権利を代行するために養子縁組しました。具体的には「1―継子の通帳など財産の管理のため」（親権を代行できる親子関係でなければ通帳の住所変更もできません。続柄がわかる本人確認書類が必要）、「2―継子がすみやかに必要な医療を受けるため」（実親である夫不在時の入院手術同意書サインは親権者しかできません）です。紙の上でも親子になるという気持ちより、継子を保護するために必要な資格を得るためでした。

●夫と私の連れ子が養子縁組しました。子どものことでもめることが多くなったとき、「なぜ養子縁組したのか?」とダンナに聞いたことがあります。「本当にいいのか、よく考えて」って言ったのに、ダンナは婚姻と同時に縁組すると決めたので。ダンナの答えは「あのときは、よくわかってなかった」でした。私の結論は、養子縁組はいつでもできるんだから、時間をおいてよく考えてからがいいと思います。

●私が「子どもの苗字を変える方法は2通り（養子縁組する方法と、縁組せずに子の氏を変更して入籍する方法）があるみたいだよ」って話したら、夫が「自分の子どもと同じようにしたいから」と言って養子縁組をしました。彼の周りの先輩ステップファミリー経験者の女性から「養子縁組しなさい」とアドバイスされていたみたいです。

●夫の連れ子を母親として責任をもって育てていきたいという思いと、血がつながってないので、せめて法的に親子であろうと思ったから。ケンカして「母親でもないくせに!!」と言われたときに、「母親ですけど」って言えるようにするため（笑）。

●私が先に死んだ場合、夫が相続した分を私の子どもたちが、夫の死後に相続できないからかな。再婚してから3年後に、養子縁組するかしないかを、子どもたちが自分たちの意思で決めました。わが家は妻氏婚で、夫と子どもたちの姓は同じでしたので、姓の問題で養子縁組をしたわけではないです。

●夫の会社から、養子縁組しないと家族手当がもらえないと言われ、やっぱりお金はだいじだと思い、割りきって養子縁組しました。

養子縁組しない理由

●継子と法律的に親子になるのはいやだからです。一緒に住んではいるけれど、法律的には関係がないというのが自分の心の支えになっています。「私ったら他人なのにこんなにやってあげて、なんてえらいんでしょう」って自画自賛できるし、ダンナにも言えるし。縁組したら継子の世話は義務だから、別にえらいことでもなんでもなくなっちゃうでしょう？　それがしない理由です。

●夫は前婚で前妻の連れ子と養子縁組してい

ました。離婚するときに前妻の親と養子縁組解消でもめたそうです。だからなのか、夫から「縁組しないほうがいい」と言われました。私も継娘と戸籍上もつながることに抵抗があったから、養子縁組はできればしたくありませんでした。夫と私の思惑が一致しました。

●最初は私の長男・次男とも、再婚した夫と養子縁組しましたが、長男がグレまして、彼について亭主にどうのこうの言われるのは本意でありませんでしたので、長男だけ縁組を解消しました。そのうえで、長男とは夫ぬきで向きあえました。

●今年、彼とは入籍予定でセメントベビーも生まれますが、彼の娘とは養子縁組しないつもりです。理由は……必要性を感じないということでしょうか。経済的な面でも必要性を感じないし。それに、近くに実の母親がいて、自分の面倒をみるのを放棄した母親をママと慕う娘と、法律上だけ親子になるというのも不自然な気がするからです。彼もあっさり「必要ないいんじゃん」と言ったので、それ以来、考えなくなりましたね～。

養子縁組はご家庭の事情に合わせて話し合いをして決めるのがよいようです。夫婦だけの問題ではなく、子どもに関する大切なことでもあるので、あせらずにじっくりと検討しましょう。

5 再婚時に必要な手続き

●具体的な手続き方法を確認して、必要となる書類を用意する

ここまで書いてきたように、再婚に必要な手続きはご家庭の事情により異なります。ご自分の場合にはどんな手続きが必要になるのか、きちんと理解しましょう。

ここでは、それぞれの手続きの具体的な方法をまとめました。必要な手続きや用意する書類を確認してください。戸籍謄本や戸籍全部事項証明書（戸籍が電算システム化された自治体では、戸籍謄本を戸籍全部事項証明書と呼びます）を郵送でとりよせる場合は、日数がかかるので、時間の余裕をもって請求しましょう。

◇婚姻届

婚姻届の提出手続きは、初婚の場合と同様です。異なるのは「初婚・再婚」欄の「再婚」にチェックを入れる点です。

「婚姻後の氏」は2人のうちいずれかの氏を選ぶことになります。その人が戸籍筆頭者の場合には、他方がそれまでの戸籍から抜け、戸籍筆頭者の戸籍に入ることになります。

戸籍筆頭者でない場合には、２人それぞれがそれまでの戸籍から抜けて、２人で新しい戸籍をつくることになります。

提出先は、夫または妻の本籍地か所在地の市区町村役場です。婚姻届の効力は「届け出をした日（受理された日）」からです。不備があると受理されないので、入籍日にこだわる場合には注意しましょう（民法７３９条）。

〈必要書類等〉

●婚姻届（記載例は129頁参照、証人２名の署名・押印が必要）
●戸籍謄本（戸籍全部事項証明書）
●夫と妻の印鑑（一方は旧姓のもの）、および本人確認書類
●未成年者の場合は、父母の同意書
＊戸籍謄本は、夫と妻両方の本籍地がある役所で提出する場合には不要です。夫か妻どちらか一方の本籍地がある役所に提出する場合は、他方の戸籍謄本が必要になります。どちらの本籍地でもない役所に提出する場合は、夫と妻両方の戸籍謄本・各１通が必要です。

◇子どもの親権者変更調停の申し立て

先ほど「再婚における親権」（108頁）で説明したように、離婚時に親権と監護権を分け、元配偶者が親権者というケースがまれにあります。親権者である元配偶者が、養子縁組

（民法７９７条２）（112頁参照）や子どもの氏の変更手続き（民法７９１条）（114頁参照）に協力的でない場合には、「親権者変更調停の申し立て」をして、家庭裁判所の調停で話し合う必要があります。それでも決まらない場合には審判になります。

　親権者は、子どもの福祉という観点から、現在の生活状況をふくむ事情全体を考慮したうえで決定されます。ですから、いったんはどちらか一方に親権者が定められている以上、現在親権をもっている親からそれを取り上げ、他方の親に変更する必要があるかどうか、ということが焦点になってきます。

　親権者変更調停の申し立ては、子どもの居住地の家庭裁判所に対して行ないます。父・母のほか、子どもの親族が行なうこともできます。子ども自身には申し立ての権利はありません。親権者変更が認められた場合には、家庭裁判所からもらう調停調書（あるいは審判書）と「入籍届」を市区町村役場に提出し、戸籍上の変更を行ないます。入籍届を提出する際は、戸籍謄本（戸籍全部事項証明書）や印鑑などが必要です。

〈必要書類等〉

●親権者変更調停申立書（記載例は110・111頁参照）　●郵便切手

●申立人、相手方、未成年者の戸籍謄本（戸籍全部事項証明書）

●収入印紙１２００円分（子ども1人につき）

◇子の氏の変更許可の申し立て（114頁参照）

先ほど「再婚における養子縁組と戸籍」の項で説明したように、養子縁組をせずに、子どもの氏と戸籍を、再婚した親と同一にする場合の手続きです。子どもの氏が父または母と異なる場合、その子は家庭裁判所の許可を得て、父または母の氏を称することができます（民法７９１条）。子どもの住所地の家庭裁判所（複数の子どもについて申し立てる場合は、そのうちの１人の住所地を管轄する家庭裁判所）に申し立てることができます。

子の氏の変更が認められた場合には、家庭裁判所からもらう審判書と入籍届を市区町村役場に提出し、戸籍上の変更を行ないます。入籍届の提出時には、戸籍謄本（戸籍全部事項証明書）や印鑑などが必要です。

〈必要書類等〉

●子の氏の変更許可申立書（記載例は118・119頁参照）　●郵便切手
●申立人（子）の戸籍謄本（戸籍全部事項証明書）
●父、母の戸籍謄本（戸籍全部事項証明書）　●収入印紙８００円分（子ども１人につき）

◇養子縁組（112頁参照）

婚姻届をもらうときに、再婚で子どもがいることを伝えると「養子縁組届」が必要かどうか聞かれるか、もしくは婚姻届と一緒に手渡されます。縁組を行なう場合は、養子縁組届を、養子または養親の本籍地、もしくは届出人の所在地のうちいずれかの市区町村役場に提出します。養親と養子いずれの本籍地でもない役所に提出する場合は、養親・養子の戸籍謄本（戸籍全部事項証明書）各1通が必要です。

〈必要書類等〉

●養子縁組届（記載例は116・117頁参照、証人2名の署名、押印が必要）

●養親と養子のうち、届け先に戸籍がない者の戸籍謄本（戸籍全部事項証明書）

●養親と養子それぞれの印鑑、および提出者の本人確認書類

＊再婚せずに（事実婚で）未成年者を養子にする場合には、家庭裁判所の許可書が必要です（自分または配偶者の直系卑属を養子にするときは不要）。

なお、万が一、再婚後に離婚することになったときには、養子縁組解消についても話し合いをする必要があります。離婚届を出すだけでは、縁組は解消されません。養子縁組解消をするためには「養子縁組解消届」を提出しなければなりません。

■再婚の場合の婚姻届のサンプル

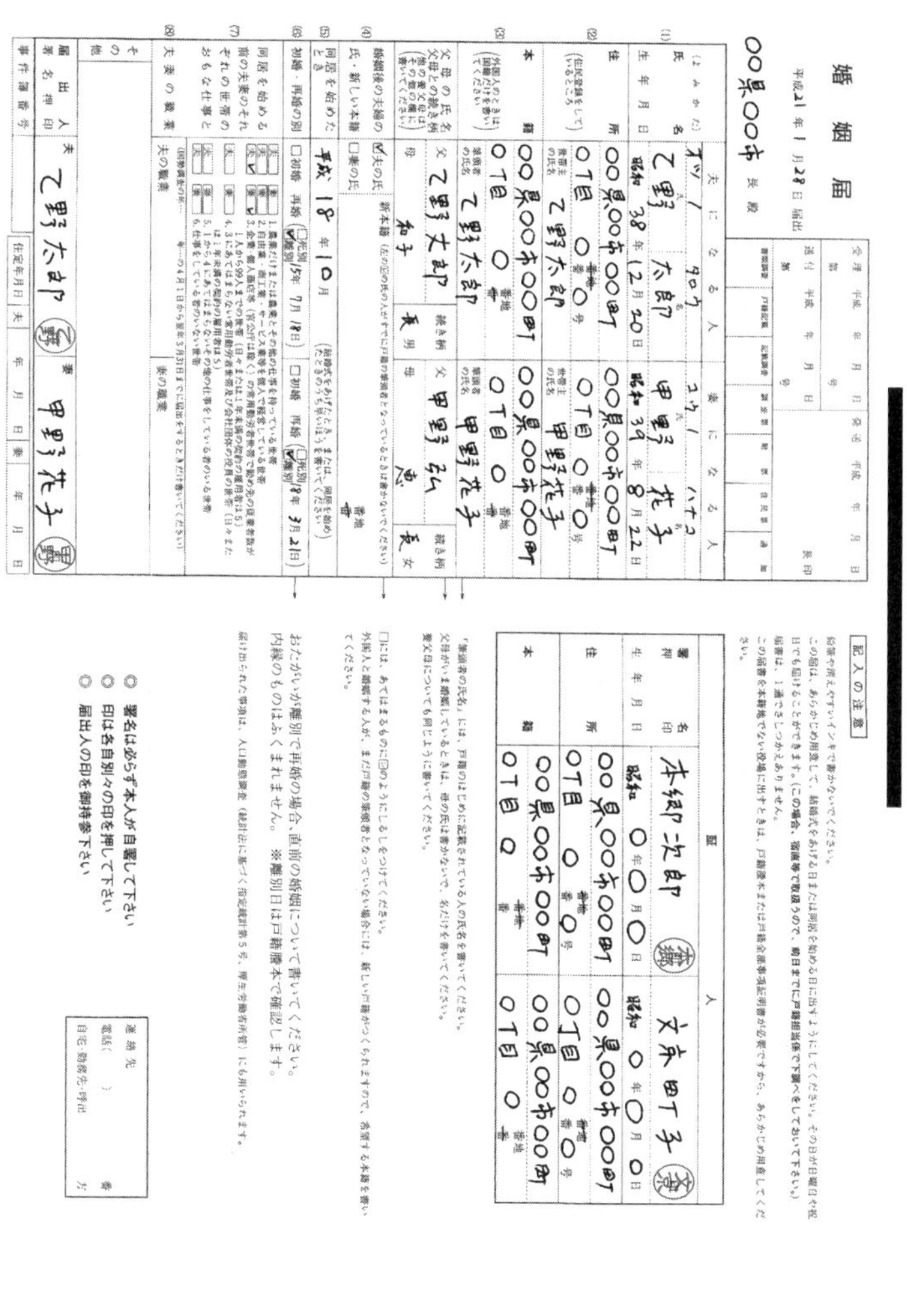

[redacted]

婚姻届

平成21年1月28日届出

○○県○○市 長殿

受理 平成 年 月 日 第 号	発送 平成 年 月 日
送付 平成 年 月 日 第 号	長印

書類調査	戸籍記載	記載調査	調査票	附票	住民票	通知

	夫になる人		妻になる人	
(1) (よみかた)	オツノ	タロウ	コウノ	ハナコ
氏名	乙野	太郎	甲野	花子
生年月日	昭和38年12月20日		昭和39年8月22日	
(2) 住所 (住民登録をしているところ)	○○県○○市○○町 ○丁目○番○号		○○県○○市○○町 ○丁目○番○号	
世帯主の氏名	乙野太郎		甲野花子	
(3) 本籍 (外国人のときは国籍だけを書いてください)	○○県○○市○○町 ○丁目○番		○○県○○市○○町 ○丁目○番	
筆頭者の氏名	乙野太郎		甲野花子	
父母の氏名 父母との続き柄 (他の養父母はその他の欄に書いてください)	父 乙野丈郎 母 和子	続き柄 長男	父 甲野弘 母 恵	続き柄 長女
(4) 婚姻後の夫婦の氏・新しい本籍	☑夫の氏 □妻の氏	新本籍(左の☑の氏の人がすでに戸籍の筆頭者となっているときは書かないでください) 番地 番		
(5) 同居を始めたとき	平成18年10月 (結婚式をあげたとき、または、同居を始めたときのうち早いほうを書いてください)			
(6) 初婚・再婚の別	□初婚 再婚(□死別 ☑離別 15年7月18日)		□初婚 再婚(□死別 ☑離別 18年3月21日)	
(7) 同居を始める前の夫婦のそれぞれの世帯のおもな仕事と	□夫 □妻 1.農業だけまたは農業とその他の仕事を持っている世帯 □夫 □妻 2.自由業・商工業・サービス業等を個人で経営している世帯 ☑夫 ☑妻 3.企業・個人商店等(官公庁は除く)の常用勤労者世帯で勤め先の従業者数が1人から99人までの世帯(日々または1年未満の契約の雇用者は5) □夫 □妻 4.3にあてはまらない常用勤労者世帯及び会社団体の役員の世帯(日々または1年未満の契約の雇用者は5) □夫 □妻 5.1から4にあてはまらないその他の仕事をしている者のいる世帯 □夫 □妻 6.仕事をしている者のいない世帯			
(8) 夫妻の職業	(国勢調査の年… 年…の4月1日から翌年3月31日までに届出をするときだけ書いてください) 夫の職業		妻の職業	
その他				
届出人署名押印	夫 乙野太郎 (印)		妻 甲野花子 (印)	
事件簿番号		住定年月日	夫 年 月 日	妻 年 月 日

記入の注意

鉛筆や消えやすいインキで書かないでください。

この届は、あらかじめ用意して、結婚式をあげる日または同居を始める日に出すようにしてください。その日が日曜日や祝日でも届けることができます。(この場合、宿直等で取扱うので、前日までに戸籍担当係で下調べをしておいて下さい。)

届書は、1通でさしつかえありません。

この届書を本籍地でない役場に出すときは、戸籍謄本または戸籍全部事項証明書が必要ですから、あらかじめ用意してください。

証人		
署名押印	本郷次郎 (印)	文京町子 (印)
生年月日	昭和○年○月○日	昭和○年○月○日
住所	○○県○○市○○町 ○丁目○番○号	○○県○○市○○町 ○丁目○番○号
本籍	○○県○○市○○町 ○丁目○番	○○県○○市○○町 ○丁目○番

「筆頭者の氏名」には、戸籍のはじめに記載されている人の氏名を書いてください。

父母がいま婚姻しているときは、母の氏は書かないで、名だけを書いてください。

養父母についても同じように書いてください。

□には、あてはまるものに☑のようにしるしをつけてください。

外国人と婚姻する人が、まだ戸籍の筆頭者となっていない場合には、新しい戸籍がつくられますので、希望する本籍を書いてください。

おたがいが離別で再婚の場合、直前の婚姻について書いてください。
内縁のものはふくまれません。 ※離別日は戸籍謄本で確認します。

届け出られた事項は、人口動態調査(統計法に基づく指定統計第5号、厚生労働省所管)にも用いられます。

◎ 署名は必らず本人が自署して下さい
◎ 印は各自別々の印を押して下さい
◎ 届出人の印を御持参下さい

連絡先
電話( ) 番
自宅・勤務先・呼出 方

先輩ステファに聞く！

役所や手続き関係で困ったこと

入籍前に困ったことや、入籍後に苦労したことなどを先輩ステップファミリーに聞いてみました。

●仕事上の名前は、以前の結婚時の名前で続けることにしたので、契約ごとや銀行口座名義の変更などでの不都合がありました。

●離婚するとき、深く考えずに子どもの戸籍を前夫のもとに残していたので、再婚前に家庭裁判所に出向くことになって面倒くさかったです。

●海外で入籍予定です。私は日本の国民健康保険に入っていますが、彼（日本人）は入っていません。出産時に健康保険から出る出産育児一時金をもらいたいので、それまで入籍できません。でもそうなると、子どもはまず私の姓に。私は海外では前夫の姓でとおしていますので（身分証明書なども）、出産して海外に戻ったとき、私と生まれてくる子と彼の、3人とも姓が違ってしまうことになります。私の健康保険はキープしながら彼の籍に私も子どもも入ることはできないのか、これから聞いてみるつもりです。

●通学区域外の指定校に通うため、住所地を変更しようと夫の名前を伝えたら、「養子縁組がなく親権者じゃないからダメ」と言われ、行政関係はうるさいな～と思いました。

●婚姻後に、子どもの親権者変更の調停と審判を経て、その足で縁組手続きにいったので、手続きとしてはかなりマニアックなことになり、行政窓口の人も理解できなかった模様。

●おたがいの連れ子の養子縁組届の書き方がややこしくて、役所で教えてもらいながら書いて時間がかかりました。

●特別養子縁組をしたかったが、前父（元夫）の許可が必要だったのであきらめました。

●再婚時に免許証の名前や住所を裏面の但し書きで修正したのですが、ゴールド免許だったのでつぎの更新までのあいだが長く、免許証の提示を求められる場面で「名前が違う」と言われ、「裏面を見てください」といちいち言うのがうっとうしかった。

●婚姻届にわざわざ前回の離婚日を記入するのがいやでした。覚えてないし、再婚ってだけでいいじゃんって思いました。自分が書くのもいやだけど、相手の日付も見たくない。初婚と比べ差別されている気がしました。

●継子と養子縁組するつもりはなかったのに、行政窓口で「養子縁組するのが当たりまえ」と言われ、知識がなかったため調べました。

●やっぱり本名や戸籍の変更は面倒ですね。とくに、仕事をしていて印鑑証明からなにから全部変更だったので、大変でした。

●子どもの学資保険の契約者を変更するときに、契約者である別れた夫の了承確認が必要とかで、電話で確認することになりました。

初婚の場合と比べて子ども関係の手続きもいろいろとあるので、苦労が多いのは覚悟しなくてはならないことのようです。

6 再婚後の戸籍の記載

●戸籍筆頭者と養子縁組の有無によって記載が変わる

再婚をするときには、婚姻後に夫と妻どちらの姓を名乗るのかをまず決めなくてはなりません。このとき姓を選ばれたほうが、戸籍筆頭者となります（戸籍法6条）。戸籍筆頭者とは、戸籍を表示するための「見出し」のようなものと考えられます。本籍と戸籍筆頭者で戸籍を特定する仕組みです。戸籍筆頭者であるからといって、特別な権利をもっているわけではありません。

再婚による戸籍の記載は、戸籍筆頭者が夫なのか妻なのか、養子縁組があるのかないのかによって、以下の4種類に分かれます。

1―夫が戸籍筆頭者で（夫・妻いずれかが）相手の連れ子と養子縁組する場合（記載例135頁）
2―夫が戸籍筆頭者で（夫・妻いずれかが）相手の連れ子と養子縁組しない場合
3―妻が戸籍筆頭者で（夫・妻いずれかが）相手の連れ子と養子縁組する場合
4―妻が戸籍筆頭者で（夫・妻いずれかが）相手の連れ子と養子縁組しない場合（記載例134頁）

●子どもがいる側を戸籍筆頭者にすれば、手続きはシンプル

日本では婚姻後に、夫が戸籍筆頭者となり、妻が姓を変えることが多いですが、夫が婿養子となり妻姓を名乗る入籍（妻氏婚）もあります。3章のケース10（98頁）で紹介した薫さんの場合がそうでした。妻のみに連れ子がいる場合、夫が妻姓を名乗れば、養子縁組や子の氏の変更をしなくても、夫・妻・子どもが同じ戸籍に入り、同一の姓を名乗れます。

再婚の場合はとくに、かならずしも夫姓を名乗る必要はないのではないでしょうか。どちらが戸籍筆頭者になったほうが都合がいいのかを考えて、姓の選択をすることをおすすめします。

なお、養子縁組を行なう場合には、養親の名前の横に「養女」「養子」と記載されます（記載例134・135頁参照）。

養子縁組をするかしないかということに加え、婚姻後に夫と妻のどちらの姓を名乗るのか（どちらが戸籍筆頭者となるのか）によっても、戸籍の記載や付随する手続きも異なってきます。子連れ再婚は、初婚と違っていろいろと複雑なので、知識をしっかりともったうえで、家族で十分に話し合うことが必要だと思います。

②妻が戸籍筆頭者で、妻の連れ子と夫が養子縁組していない場合

本籍 氏名	○○県○○市○○町○丁目○番 甲野　花子
戸籍事項　戸籍編製	【編製日】平成○年○月○日
戸籍に記録されている者	【名】花子 【生年月日】昭和○年○月○日　【配偶者区分】妻 【父】甲野　弘　【母】甲野　恵　【続柄】長女
身分事項 出生	 （※省略）
離婚	（※省略）
氏の変更	（※省略）
婚姻	【婚姻日】平成○年○月○日 【配偶者氏名】乙野　太郎
戸籍に記録されている者	【名】一郎　【生年月日】平成○年○月○日 【父】元野　一夫 【母】甲野　花子 【続柄】長男
身分事項 出生	 【出生日】平成○年○月○日　【出生地】○○県○○市 【届出日】平成○年○月○日 【届出人】父
親権	【親権者を定めた日】平成○年○月○日 【親権者】母 【届出人】父母
入籍	【届出日】平成○年○月○日 【入籍事由】母の氏を称する入籍 【届出人】親権者母 【従前戸籍】○○県○○市○○町○丁目○番　元野　一夫
戸籍に記録されている者	【名】太郎 【生年月日】昭和○年○月○日　【配偶者区分】夫 【父】乙野　丈郎　【母】乙野　和子　【続柄】長男
身分事項 出生	 （※省略）
婚姻	【婚姻日】平成○年○月○日 【配偶者氏名】甲野　花子 【従前戸籍】○○県○○市○○町○丁目○番　乙野太郎

■再婚後の戸籍の記載例（全部事項証明）

①夫が戸籍筆頭者で、妻の連れ子と養子縁組した場合

本籍 氏名	○○県○○市○○町○丁目○番 乙野　太郎
戸籍事項　戸籍編製	【編製日】平成○年○月○日
戸籍に記録されている者	【名】太郎 【生年月日】昭和○年○月○日　【配偶者区分】夫 【父】乙野　丈郎　【母】乙野　和子　【続柄】長男
身分事項	
出生	（※省略）
分籍	（※省略）
婚姻	【婚姻日】平成○年○月○日 【配偶者氏名】甲野　花子
養子縁組	【縁組日】平成○年○月○日 【養子氏名】甲野　一郎 【養子の従前戸籍】○○県○○市○○町○丁目○番　甲野花子
戸籍に記録されている者	【名】花子 【生年月日】昭和○年○月○日　【配偶者区分】妻 【父】甲野　弘　【母】甲野　恵　【続柄】長女
身分事項	
出生	（※省略）
婚姻	【婚姻日】平成○年○月○日 【配偶者氏名】乙野　太郎 【従前戸籍】○○県○○市○○町○丁目○番　甲野花子
戸籍に記録されている者	【名】一郎 【生年月日】平成○年○月○日 【父】元野　一夫　【母】乙野　花子　【続柄】長男 【養父】乙野　太郎　【続柄】養子
身分事項	
出生	【出生日】平成○年○月○日　【出生地】○○県○○市 【届出日】平成○年○月○日 【届出人】父
親権	【親権者を定めた日】平成○年○月○日 【親権者】母　【届出人】父母
養子縁組	【縁組日】平成○年○月○日 【養父氏名】乙野　太郎 【養親の戸籍】○○県○○市○○町○丁目○番　乙野太郎 【従前戸籍】○○県○○市○○町○丁目○番　甲野花子

7 再婚に必要な、その他の手続き

●子どもの保育園や学校にかかわる手続き

子連れ再婚では、子どもの転園や転校をともなうことが多いかと思います。手続きにかかる時間なども考慮して、効率よく準備しましょう。ここでは公立の小・中学校、認可保育園に関係する手続きについて説明します。

公立の小・中学校の転校手続き

現在通っている学校に、引っ越し先の場所と時期を伝えましょう。転校時に学校から「在学証明書」と「教科書用図書給与証明書」が渡されます。引っ越し先の市区町村役所に転入届を提出すると「通知書」が発行されます。この通知書とまえの学校でもらった証明書類を転入先の学校に持っていけば手続きは完了します。転校が決まったら、制服、体操服、教科書の購入など、こまごまと準備がありますので、早めに学校に確認しましょう。

保育園の転園手続き

別の市区町村の保育園に転園する場合には、現在の市区町村役所の担当窓口、または保育園に退園届を出し、引っ越し先の市区町村で入園手続きをとります。入園手続きで提出する書類は「入園申請書」「勤務証明書」「世帯の税書類」（前年度や前々年度の収入がわかるもの）です。

いま、全国的に待機児童が多い状況です。母子家庭だったときは保育所の入所を優先された人もいると思いますが、再婚により優先順位は下がります。先輩ステップファミリーのなかには、「保育園に入れるまでは入籍せず、母子家庭のままでいた」という人もいます。大きな声でおすすめはできませんが、共働きしなくてはならない緊急の事情がある場合などは、工夫も必要かもしれません。

日常的なことでは、布団カバーなど、用意する必要のあるものがこれまでの保育園と違う場合もあるので、やはり早めの確認と準備が必要です。

●たくさんある必要手続きを書きだして整理しておく

ほかにも、たとえば銀行の口座、クレジットカード、運転免許証、パスポート、保険、携帯電話の名義変更、郵便物の転送手続き、母子手帳の記載欄変更など、しなくてはならない手続きは本当にたくさんあります。

役所や家庭裁判所に行くときには、何度も足を運ばずにすむように、あらかじめ必要な手続きや書類などを書きだし、手順を考えておきましょう。手続きによっては市区町村役所にかぎらず、出張所や支所、郵送で行なえる場合もあるので、事前に確認を。

先輩ステファに聞く！

再婚前に話し合っておいてよかったこと

再婚前に話し合っておいてよかったこと、話し合っておけばよかったことなどを、先輩ステップファミリーに聞きました。

話し合っておいてよかったこと

〈子どもに関すること〉

●子どもを養子縁組しないこと、子どもの父親になろうとしなくていいことは、話し合ってよかった。

●継子への接し方！　叱り方!!

●子どものしつけのこと。

●それぞれの子に対する責任や、やるべきコトの細かい部分の分担、かかわり方など。

●夫には酷かと思いましたが……私の連れ子を前妻とのあいだの娘より優先すること。

●継娘の病気のこと。

●子育てに関する大まかな考え方。

●子どもに本当の父親でないことをきちんと伝える、と話し合えたのがよかったです。

●夫の離別した子どもを私は愛せるとはいえないと伝え、相互で納得した。

●養子縁組しないことを含めた将来設計。

●連れ子を実子として育てようと話し合ってよかった。

〈面会交流（面接交渉）に関すること〉

●前妻のもとにいる夫の実子との面会方法。

●実子の面会交流に関すること。

●彼は毎週末、子どもを泊めていて、それを再婚当初は隔週にしてほしいことなど話し合ったのですが、結婚後のマリッジ・カウンセリングで「そんなこと話し合った覚えはない！」と言われ、ガクゼン。

〈お金のこと〉

●お金の管理のことなど。

●おたがいの年収や財産について。

●年金のことや相続のこと。

〈家計や家事の分担に関すること〉

●家庭内におけるおたがいの役割について、家計の管理など。

●家計のやりくりは誰がするか、養育費の使いみちなども話し合いました。

●夫と私とはほぼ収入が同じなので、生活上のすべて（家事など）は平等にしようと話した。

●私の仕事の態勢。再婚後もそのままフルタイムで働きつづけるということについて。

〈セメントベビーに関すること〉

●2人のあいだに子どもができたら、継子と差別なく接することができるのかどうか。

●セメントベビーをつくるかつくらないか、結婚前に決めておいてよかったです。

●私が子どもをほしかったので、それについてはいろいろ話し合いました。おたがいの子どもに対する考えや教育方針はよく確認しました。

●彼が不安に思うことをいろいろと聞いていて、そのことについて話し合った。

〈その他〉

●おたがいの両親の老後の介護問題について。

●おたがいの親族とのかかわり方。

●再婚後の双方の元配偶者とのかかわり方。

●前婚での詳しい離婚理由と、前妻との連絡のとり方について。

●思い描く家庭像に近づけるためには、おたがいどんな努力や妥協が必要か。

●それぞれの死後についての希望。

●ふつうとは違う結婚のかたちのため、問題が起きたときはそのつど話し合いをし、解決していこうということ。でも、あまり夫のほうは守れていないような……。

●理想の家庭像。おたがいの生活スタイルの違い。子どもの教育、しつけの問題。

話し合っておけばよかったと思うこと

〈お金のこと〉

●お金のことはシビアですが、もっと話しておけばよかったかな～と思います。私の給料が継子にふつうに使われている現状がいやです。

●なににお金がかかるのか、もっと知っておけばよかったと思います（親のローンの援助をしていること、交際費など）。

〈子どものこと〉

●継母の感情がこんなに複雑だと知らなかったので、ステップファミリーについてもっと知って話しておけばよかったです。

●子どもたちのことをどんなふうに考えてい

るのかなど、本質的なことを聞いておけば、いろいろと気持ちがすれ違うことはなかったかも。

〈その他〉

●話しておけばよかったことはたくさんあるけど、再婚前に気づくことはできなかったです。こんなに再婚って大変だと、想像もつかなかったです。

●死別のあとの後妻になったので、仏壇のことや法事のこと。当然のようにやらされていますが、やれることとやれないことを再婚前から話し合っておくべきでした。

●前妻の話をもっと聞いておけばよかったです。聞きたくないからあまり聞かずにいました。一緒になったあとに、継子のかかわりをとおしてストレスになることが多いので、覚悟して対応を考えておきたかったなと、いまさらながら思います。

ステップファミリーは初婚家族よりもさらに、結婚前の話し合いが重要だと思います。あとから後悔しないように、先輩たちの意見をいかして話し合っておきましょう。

8 プレナップ（婚前契約書）をつくろう

●昔からある「夫婦財産契約」の制度

日本ではあまり一般的な習慣ではありませんが、夫婦共有財産の範囲を厳密に決める傾向のあるヨーロッパなどの一部の文化圏では、結婚をするまえに、婚姻に関する契約書を作成することがあります。この「婚前契約書」のことを、英語では「prenuptial agreement」、略語で「prenup」（プレナップ）と呼んでいます。

プレナップは近年、新しい習慣として注目を浴びていますが、じつは日本でも旧民法の時代からすでに「夫婦財産契約」の制度が存在していました（厳密にはプレナップとは異なります）。

夫婦財産契約（民法７５５条～７５９条）とは、婚姻を前提とした男女間において、法的財産制以外の婚姻後の夫婦の財産関係の取り決めを目的として結ぶ契約です。「婚姻後、取得する財産の所有」「婚姻費用の分担の割合」「日常家事の責務の連帯責任の有無」「特有不動産の管理権」などについて定めることができます。プレナップでは、夫婦に合意があれば、原則としてどんなことでも定めることができますが、民法上の夫婦財産契約では財産関係について定めることができます。

なお、婚姻届提出前に夫婦財産契約を結んだ場合には、婚姻成立後に夫婦の一方から契約を取り消すことができなくなります。

夫婦財産契約では、これから夫婦になる2人の協議事項を婚姻協議書にしたのちに、法務局に登記します（民法755条・756条）。登記により、婚姻協議書の内容を第三者にも主張することができます。（たとえば、婚姻協議書で、「婚姻後に取得する財産はすべて夫の所有とする」旨さだめたとしても、登記をしないと、この内容を第三者に主張できません。）

●約束書をつくるだけでもおすすめ

私は再婚前にプレナップのことを知り、現在のパートナーである夫とのあいだで婚姻契約書を作成しました。おたがいに財産があるわけでもなかったので法務局登記までは行なわず、私的な覚書みたいなものでしたが、結婚前に今後のことを冷静に考え、約束事項を決めておいたのはよかったと思っています。

取り決め事項は夫婦によってさまざまですが、相続財産が多い人との再婚の場合には、のちのち相続人間に争いごとを残さないためにも取り決めが必要です。また、再婚前の財産や、子どもたちへの財産分与、養育費に関することなど、子連れ再婚は初婚の場合以上にトラブルのもとになりやすい要素が多いので、婚前契約書の作成はおすすめです。
再婚前に「また離婚することになったら」なんてことは考えたくないかもしれませんが、過去に離婚の経験があるからこそ慎重に考えて、別居する場合の生活費負担、慰謝料、養育費、親権などについて、プレナップにしておいたほうがいいのではないでしょうか。

●取り決めしておきたい5つのポイント

子連れ再婚時のプレナップ作成にあたり、かならず考えておきたい事項は、以下のとおりです。

1―子どもの親権の問題

相続や、もとの配偶者からの養育費の問題にもかかわってきます。

2―再婚後の生活費の負担について

再婚後は、どちらかが仕事を辞める場合もあれば、共働きする場合もあります。生活費の負担を事前に話し合っておくことは大切です。

3―再婚前のそれぞれの財産について

再婚前から所有している財産については夫婦それぞれの固有財産になりますが、おたがいに財産開示して、しっかりと認識しておくことです。まえの結婚で築いた財産なども、おたがいに把握しておきましょう。

4―元の配偶者との関係

養育費や面会交流の取り決め事項がある場合には、それを認識したうえで、再婚してからも無理なく続けていけるのかなども含めて、夫婦で話し合いましょう。

5―離婚の協議に対する対応方法

万が一、離婚することになった場合の別居期間の生活費、子どもの養育費や養子縁組の解消などについて、再婚前から取り決めることができます。

●夫婦の事情によって取り決めるべきことを考える

協議しなくてはならない問題は、ほかにもご夫婦の事情によってさまざまあるでしょう。将来の親御さんの介護の問題や、元配偶者に実子がいて養育費を払っている場合には、その子どもとのかかわりの問題なども考えておくとよいかもしれません。

わが家の場合には、2度目の離婚の際に夫と継子（養子縁組していた元妻の子）とのあいだで養子縁組が解消されていなかったため、のちのちの相続を考えて養子縁組の解消をしてほしい旨を伝え、話し合いました。

■プレナップの作成例

○○（以下、「甲」という）と××（以下、「乙」という）は、本日、婚姻届出前の夫婦財産契約について、以下の通り合意する。

第１条　甲乙の財産中、下記に掲げるものは、甲乙各自の特有財産とする。

記

甲の財産　○○
乙の財産　××

２　前項に記載した以外の財産は、すべて甲乙の共有財産とする。

第２条　甲（乙）の特有財産の使用、収益および管理は○○が行うこととする。

第３条　甲乙の婚姻中に、甲または乙が新たに取得した財産は、甲乙の共有財産とする（or　しない）。

第４条　甲乙が婚姻中に別居する場合には、甲は、乙に対し、婚姻費用として、月々○万円を支払うものとする。

第５条　甲乙が離婚し、甲乙に子がある場合には、乙が子の親権、監護権を有することとする。

第６条　甲乙が離婚し、甲乙に子がある場合には、甲は、乙に対し、養育費として、月々○万円を支払うものとする。

第７条　甲乙が離婚する場合には、理由のいかんを問わず、慰謝料額の上限は、金○○万円とする。

以上、本契約の成立を証するため、本書２通を作成し、甲乙各記名押印のうえ、各１通を保有する。

平成○○年○月○日

甲（住所）

（氏名）

乙（住所）

（氏名）

Column

再婚の手続き、ここがポイント！

私は、4度目となる現在の結婚では、事実婚を2年間したのちに、4年弱の法律婚をして、5年目前にペーパー離婚して事実婚に戻りました。身をもって、事実婚と法律婚のメリットとデメリットを知ったわけです（笑）。

再婚の手続きに関して、なによりも痛感していることは、役所の窓口のいい加減さと不親切さです。ペーパー離婚をして住民票の記載を「妻（未届）」の事実婚記載に戻そうとしたときに、戸籍の窓口の男性から「女性は離婚後6か月は結婚できないから、事実婚もできません。6か月経ったら来てください」と言われました。「そんなわけないじゃん！」と頭にきましたが、窓口で無駄な時間を費やすのがいやだったので、後日、出直して、住民票を事実婚の記載に変更しました。

ごく一部の人かもしれませんが、このようにたまに、いい加減なことを言う職員がいます。とくに再婚の手続きはややこしいので、職員に知識がない場合があります。窓口で言われるまま、うのみにしてしまう人もいると思うので、要注意です。

私が2度目に離婚したときには、養子縁組解消が必要であることを、役所の窓口では誰も教えてくれませんでした。離婚届を提出したことで自動的に子どもと元夫の養子縁組も解消されたと思い込んでいた私は、離婚後7年経ってから戸籍を見たときに、長女の養子縁組が残っていることに気がつき、あわてて縁組解消届を出しました。

ところが、これが不幸中の幸いでした。養子は通常、縁組から5年が経過していないと、養親の姓を継続して名乗れないそうなのです（わが子は養親の姓を継続して名乗ることを希望していました）。このことを知って、「自分から調べて窓口で聞かないと、情報は手に入らないんだ」としみじみ実感しました。

また、役所の窓口では担当している業務のことしか教えてくれないので、離婚や再婚にともなって必要な子どものさまざまな手続きのことなど、役所のなかをたらいまわしにされます。これも覚悟して、どこでどんな手続きが必要なのかを事前に知る必要があります。「窓口めぐりマップ」を頭のなかに描いてから役所に行きましょう。

自分にとって必要な手続きをよく考えておくことも大切です。窓口で言われるままに、なにも考えずに養子縁組してしまい、あとになってから、継子の養育責任を背負わされた気持ちになり後悔したという人もいます。

入籍についても、個人的には、最初は事実婚をおすすめしています。同居生活に慣れ、ステップファミリーとしての覚悟ができるまでは事実婚でいればよかった、という声も聞きます。子どもの姓の変更についても同様です。「再婚したら家族は同一の姓になるべきだ」という親の身勝手な思い込みで、子どもの氏を変更したら、姓を変えたくなかった子どもが迷惑したという話もあります。

再婚の法律や手続きのことは人任せにせず、自分でよく調べ、窓口でも遠慮なく聞き、違うと思ったら再度ほかの人に聞くことを心がけ、根気よくやりましょう。

5章 いちばん大切な子どものこと

1 再婚と子どもの気持ち

●子どもにだって継親に対するストレスがある

多くの継親、とくに継母が抱えるストレスは、日々相談を受けるカウンセラーとしても大変だなと身にしみて感じています。私自身も継母の立場を経験して、先に知識があってもなお、直面する問題は想像以上のことばかりで、「この再婚には無理があったか？」と何度も思いました。「継母とは意地悪である」というシンデレラ神話との葛藤、継子をかわいいと思えないばかりか「うざい」と感じることへの嫌悪感などに悩まされてきました。

私の長女（現在23歳）は恋愛体質の私のおかげ（?）で、ステップファミリーを3回も経験しています。娘は子どものころ、継父に対するストレスや嫌悪感に悩み、継父を好きになれない自分を責めたことが何度もあったと、最近になって聞かされました。

継親のストレスばかりにスポットが当たりやすい問題ですが、子どもにだって継親に対して嫌悪感が生じるのは同じはずです。

とくに思春期の子どもの場合には、実親でさえ「うざい」と感じる年齢なので、血のつながりのない親にとやかく言われると、かなり大きなストレスを抱えるのだと思います。

長女も思春期のころ、私のパートナーに対して「親でもないのに親ヅラするな」と思いつつ、それを口には出せず、そんなふうに思ってしまう自分を責めていたそうです。

●継子の気持ちに目を向けて、無理なくかかわる

私は夫の継子（再婚当時13歳）との関係で葛藤を感じていました。私が継子を苦手なように、彼女も私を苦手なようでした。だから無理をするのをやめ、できるだけ彼女と深くかかわらず、彼女の言動をあまり気にしないで、あくまでも「夫の子ども」として接することを選びました。

冷たく聞こえるかもしれませんが、13歳までにつくられた人格を私が変えることはできません。彼女が自分の境遇を哀れんで悲劇のヒロインになり、夫に反発することは、私には無関係だと割りきるようにしました。おかげで思春期の反抗は、いつも夫に向いていました。たまに夫と継子のあいだに入って仲をとりもとうとしても、私ばかりがストレスを募らすことになったので、「気にしないのが一番いい」という結論にたどりついたのです。

実親とケンカをしてもすぐに仲直りできますが、親でもない継親に言われたことは、子どものなかでいつまでも尾を引きます。無理に近づこうとしなくていいと思うのです。

継子の気持ちに目を向けて、もう少し楽なかかわりをつくっていけたらいいのかもしれませんね。

2 子ども同士の関係

●継親としてのストレスを子どもに感じさせない

1章のケース5（30頁）で紹介したえりさんのステップファミリーは、実子と継子が同い年の男の子で仲が良く、いまでも双子のような関係です。親も家族のルールが不公平にならないように気をつかっているし、うまくいっているステップファミリーだと思いました。子ども同士の仲が良いと、ステップファミリーの結束も早いようです。

ですがやはり、うまくいかないケースが多いのも現実です。義理のきょうだい関係がうまくいくことが多いのは、子どもたち同士が親の差別を感じないで育っている場合です。「あっちばかり、えこひいきして」と子どもに思わせないことがだいじです。

わが家は失敗ケースです。2歳しか違わない夫の長女と私の息子は、出会ったときはすぐに仲良くなりました。マンガやゲームなど共通の趣味で、最初はよく遊んでいました。

ところが、一緒に生活を始めてからその関係は続かなくなりました。継子に対して私が抱えているストレスに息子が気づき、自分の母親を苦しめる存在である義姉を無意識に嫌っていったのではないかと思います。1章のケース6（33頁）で紹介したあつこさんの長女・鈴ちゃんも「お母さんを苦しめている義兄と弟が嫌い」と話していました。

いまさらながらの私の反省点ですが、義理のきょうだい関係を良いものにしようと思ったら、継親としてのストレスを子どもには感じさせず、できるだけ平等に接していく姿勢が大切だったと思います。

●年が近い子ども同士を比べようとしない

とくに同年代のお子さんがいる場合には、2人を比べて、どちらかを否定したりしないようにしましょう。育ってきた環境も違うし、性格が正反対の場合もあると思います。一方ができることを他方ができなかったりしても仕方がありません。他方をお手本にしろと言われたら、言われたほうは自分のことを否定された気持ちになり、素直に聞けず、お手本とされた義理のきょうだいを好きになれずに、疎ましく思ってしまいます。

実のきょうだい間でもそうですが、比べられて育つことは子どもにとっては望ましくありません。親はそれぞれの個性を柔軟に受けとめて、できるだけその子のいいところを見て接していきたいものです。

また、義理のきょうだいを早く仲良くさせようとあせって、一緒にいることを強制したりしないようにしましょう。実のきょうだいだって、仲の良いときもあれば悪いときもあるのです。時間をかけて、自然に関係性ができていくのを見守りましょう。

3 継親と継子の関係

●子どもに適した継親の立ち位置を探る

再婚したら「継親は子どもの親になるべきだ」と思い込んでいる親が多いですが、まずはその固定観念を捨ててください。子どもに合った継親の立ち位置がどんなものかを知るために、あせらずいろいろと試してみることをおすすめします。

継子とかかわる年齢にもよりますが、友だちのような関係が心地よい場合もあります。１章のケース１（14頁）で紹介した直子さんの場合、継父と継子は年が近いこともあり、友だち同士のような関係だといいます。継親が無理に親になろうとがんばりすぎなかったからこそ、安定したステップファミリーを築けている良い例だと思います。

継子の年齢が低い時期には、継親に親としてのかかわりを求める傾向もあります。わが家でもそうでした。保育園で、先生がほかの子に「ママがお迎えに来たわよ」などと声がけをするので、当時２歳だった継子も、私に対して母親の役割を求めるようになり、私が継子に「ママと呼んでもいいよ」と伝えたときにはうれしそうでした。

継子が思春期の場合はまた異なります。３章のケース８（84頁）で紹介した真紀子さんのように、継子が実親とひんぱんに交流している場合は、思春期の反抗期が始まったとき、継親の客観的な意見が力になることも多いのです。わが家の場合も、当時13歳だった継娘に対して、私が母親の立場で接するのには無理があったので、第三者的な大人役に徹し、思春期ならではの夫への反抗を客観的に見て、アドバイスしてきた覚えがあります。

●実子への愛情とは違った愛情のかたち

どんなにがんばったところで、実の子への愛情と継子へのそれには違いがあります。あって当たりまえなのです。継子にとっても、産んでくれた親に対する思いと、成長の途中からかかわってきた継親に対する思いは違います。それを当然と受けとめて、あせらずにゆっくりと絆をつくっていけばいいのです。いつか、わが子に対する愛情とは違った家族愛を、継子に対して感じられる日がくると思います。

とくに継母と娘という女同士では、関係を築くのが難しく、父親（夫）を介してライバル視しあい、おたがいに対立心をぶつけあうこともあるでしょう。それも自然な感情ですので、「大人げない」などと自分を責めずに時間が解決していくことを知り、ストレスをため込まずに発散する方法を考えましょう。

たまには継親と継子だけの時間を過ごしてみると、実親が同席しているときには感じられなかった楽しさを発見できたりして、おたがいのためになることも多いようです。

4 思春期の子どもたち

●実子か継子かにかかわらず、難しい時期と心得る

わが子であっても思春期は魔物です。自分の世界が外に向かって広がり、大人になりたい、自立したいという気持ちばかりが強くなる時期です。家族のことには興味がなさそうに見え、親に対してそっけなくふるまうのも、この時期ならではの特徴です。

父子家庭だった夫と私が再婚したとき、夫の長女は13歳、ちょうど思春期の入り口にいました。自分の長女の思春期を経験していた私にとっては、継子だからという特別な感じはなく、長女のときと同様に、思春期ならではの親に対する反発を受けとめてきました。いま考えると、初めての思春期が継子じゃなくてよかったと思います。

みなさんも自分の思春期を思い出すと納得できると思いますが、大人になりたいのになれなくて、まだまだ親に甘えたい、でも親に介入されると頭にくるというのが、この時期の特徴です。女の子は悲劇のヒロインになりたがる傾向があります。長女も思春期には「私の人生はママの離婚や再婚でぼろぼろにされた」と大げさに騒ぎましたし、継子も「血のつながりのない家族に自分は愛されてない」と自分を悲劇的に語っていました。

ステップファミリーだから特別に思春期が難しいということではなく、実子でも思春期は難しいので、継子だとさらに難しく感じるだけのことです。

●おおらかに構え、周りを頼って乗りきろう

思春期の継子と向きあうときには「思春期なんてこんなもの」とおおらかに構え、子どもの一挙一動に敏感に腹を立てないことです。子どもの育ちのせいにしたり、ステップファミリーだからと過剰に心配したりする必要はありません。ときが過ぎれば、継子だって「あのころ、反抗ばかりしていて悪かったね」と言えるようになります。

継親は自分ひとりでストレスを抱えるのではなく、実親を頼り、継子に伝えなくてはならないことは実親からよく伝えてもらい、自分はサポート役に徹するのがいいでしょう。

この時期には、学校の先生や友だちの親御さんとのかかわりも大切です。大人同士で情報交換することで、口数の少ない子どものことを知ることができたり、思春期の子へのストレスを共有して「ウチだけじゃないんだ」と安心できたりします。私は現在も、高校1年生の実子の思春期と毎日戦っていますが、中学では3年間ＰＴＡ役員を務め、意識的に先生や親御さんたちと情報交換をしました。学校での息子の様子を知り、親が注意しても聞かないようなときには、先生から息子に注意してもらうという連携もはかりました。

子どもの面倒な思春期はひとりで戦わず、周りを頼って、上手に乗りきりましょう。

5 祖父母と子どもの関係

●再婚は祖父母にも大きな変化をもたらす

継親が継子を簡単に愛せないように、継親側の祖父母にとっても、いきなり孫ができるということは単純に喜べることではありません。

1章のケース1（14頁）で紹介した直子さんも、義母から連れ子のことを「孫として受け入れるにはもう大きくて、受け入れられないかもしれないけどごめんなさいね」と言われたそうですが、これは義母の正直な気持ちだったと思います。乳幼児の連れ子ならまだしも、小学校高学年の子どもが突然、孫になったら、祖父母もとまどうばかりです。

再婚は、子どもの実親側の祖父母にも影響します。1章のケース5（30頁）で紹介したえりさんの義母は、実家でともに暮らしていた息子と孫が、再婚を機に家を出ることになり、別れを経験しました。息子との関係も変わりますし、かわいがっていた孫との別れは、さぞつらかったことでしょう。そのうえ再婚相手にも同年齢の子がいたので、嫁と孫を受け入れなくてはならないという3つの変化を経験することになりました。

再婚により、いきなり複数名の新しい人間が家族に加わるのです。すぐに慣れる親もいるかもしれませんが、なかなかなじめずに拒否反応を示す親もいます。

1章のケース7（38頁）で紹介したわかばさんの義母は、変化に対する反発心から、再婚家庭を壊そうと嫁に嫌味を言ったり、嫁が子どもをひどい目にあわせていると息子に嘘を吹き込んだりしました。こうした場合には、新しい家族を守り、子どもたちをストレスにさらさないためにも、夫婦で力を合わせ、対応策を考えなくてはなりません。

わかばさんご夫妻は、結局、義母と別居する選択をしました。私が知っているステップファミリーのなかにも、再婚後の義父母との同居のトラブルを解消するために、別居の選択をしたご夫婦が何組かいます。

●実孫と義理の孫を差別しないよう配慮してもらう

祖父母が同居していなくても、近くにいることで悪影響を受ける場合もあります。祖父母が実の孫と義理の孫をあからさまに差別する場合などです。そんなときは「実の孫と義理の孫を同じように愛してほしいと言っているわけではないけれど、子どもたちの気持ちも考えてあげてほしい」と伝えれば、祖父母もわかってくれるかもしれません。

それから、セメントベビーが産まれて、祖父母がその子だけを溺愛する場合もあります。出産前からそのような事態が予測されるときには、ご両親とご夫婦で、子どもたちに分けへだてを感じさせないように接することを話し合っておいたほうがよいでしょう。

6 性的なことがらへの配慮

●子どもの目に映る夫婦間の愛情表現

ステップファミリーは初婚家庭と違い、子どもにとって性的な刺激にふれやすい環境です。小さいときから仲の良い実親の関係を見てきた子どもであれば、それが日常のことなので、なんとも感じないはずですが、ある日突然やってきた他人が、目の前で実親と愛情表現をしはじめたら、刺激にならないはずはありません。

離婚を経ての再婚の場合にはとくに、子どもたちは離婚前の両親の冷めた関係を見てきているわけです。そのギャップに、違和感を抱くことでしょう。

子連れ再婚の場合、恋愛中も2人だけの時間をつくることが難しいので、一緒に暮らしはじめてハネムーン気分になるのもわかりますが、子どもの目にどう映っているのかをつねに気にして、クールダウンする必要があると思います。

とくに思春期の子どもたちにとっては、継母・継父でさえも性の妄想の対象になりうることを忘れないでください。「子どもだから」とタカをくくらないことです。

●思春期の異性の子ども同士の関係

おたがいに思春期の、男女の子どもたちを連れて再婚する場合には、子ども同士の関係にも気配りしなくてはなりません。知人から聞いた話ですが、継息子が夜、実の娘の部屋に無断で入ったことがあったそうです。理由を確認したところ「マンガ本を探していた」と聞いて安心したものの、最初はぎょっとしたと話していました。

思春期の子ども同士が相手を意識しているらしいと感じたら、率直に話をしてください。きょうだいといっても、同じ親から生まれたわけでもなく、突然、ひとつ屋根の下に暮らしはじめたのだから、そういった気持ちになるのもわかる。けれど「感情と行動は別に考えなくてはいけない」ということや、「好きだから行動してもいいということではない」ということを、きちんと話して聞かせましょう。

思春期の子どもの行動が気になることもあります。たとえば、家のなかを裸のような格好で歩きまわるとか、女の子なら生理用ナプキンを脱衣所に置きっぱなしにするなどの行動です。年の近い義理の異性のきょうだいがいる場で、こうした行動はよくないと思います。家のなかでもマナーを考えるように言い聞かせる必要があります。

性に関することは家庭内で話しにくいものですが、問題が起きてからでは大変です。気になることがあるときには、うやむやにせず、問題を未然に防ぐ努力をすべきです。

7 再婚後の養育費

●再婚しても養育費は子どもの権利

養育費とは、子どもを養い育てていくために必要なすべての費用のことをいいます。衣食住にかかる費用、教育費、医療費、娯楽費、保険料などを含みます。

離婚後に子どもと一緒に暮らす親は、当然ながら子どもにかかる生活費や教育費をつねに負担しますが、子どもと一緒に暮らしていない親にも養育費を支払う義務があります。この義務は、子どもの親権（108頁参照）の有無とは無関係に発生するものですから、親権がなく、子どもと離れて暮らしている親でも、養育費の支払い義務はあります。

しかし、日本における養育費の支払い率は2割にも満たないのが現状です。離婚時に取り決めをして最初は支払われていても、いつの間にか払ってもらえなくなり、あきらめてしまったというようなケースも多くあります。

離婚後に養育費がきちんと支払われている場合でも、「再婚したら養育費をもらってはいけない」とか「支払わなくてもいい」と誤解している人が多いのですが、そんなことはありません。法律的には、子どもと暮らす親が再婚したからといって、子どもと離れて暮らす親の養育費の支払い義務がなくなるわけではありません。

離婚時に公正証書や調停調書などの債務名義で養育費の取り決めを行なったのであれば、勝手に支払いをやめた相手に対して法的な手段をとることはできますが、そんなことにならないためにも、再婚したら元夫婦で一度、子どもの養育費について話し合いをすることをおすすめします。養育費についての協議書を作成してもいいし、再度、公正証書を作成して取り決めてもいいでしょう。

話し合いで折り合いがつかない場合には、養育費の調停を行なうことをおすすめします。この場合、再婚によって養育費が減額される傾向はあるようです。（養育費請求調停申立書の記入例は166・167頁参照）

●断わりもなく支払いが滞った場合には

これまできちんと養育費が支払われていたのに、元配偶者の再婚を知ったとたん、相談もなく養育費が支払われなくなることがあります。

そんなときには、相手に連絡をとり、まずは相談をしましょう。

相手が話し合いに応じない場合には、先ほどもふれたように、調停をすることになります。調停が成立するまでは、これまでに公正証書や調停調書などの債務名義で取り決めをしている場合、その効力が生きていますので、以下の法的手段をとることが可能です。

【履行勧告】○有効な債務名義……調停調書・審判書・判決書（×公正証書は不可）

決められた期限がきても養育費が支払われない場合には、履行勧告をすることができます。家庭裁判所から相手方に対し、支払いをするように説得したり勧告したりします。支払いを強制することはできませんが、精神的圧力を与える効果はあるようです。

【履行命令】○有効な債務名義……調停調書・審判書・判決書（×公正証書は不可）

履行勧告より一段と強いもので、相応の期間を定めて義務を履行するように強制するものです。命令に従わない場合は10万円以下の過料の制裁を受ける場合があります。

履行勧告・履行命令のいずれも、相手に精神的な圧力を与えて支払いをうながす効果はありますが、勧告や命令をとことん無視する相手には通用しない場合もあります。そんなときには、以下の間接強制や直接強制の手続きが必要です。

【間接強制】○有効な債務名義……調停調書・審判書・判決書・公正証書のいずれも可

一定の制裁金を支払うよう命じ、履行を心理的に強制する制度です。決められた期限が来ても養育費が支払われない場合には、間接強制の申し立てをすれば、裁判所が債務者に対して間接強制の決定をします。

【直接強制】○有効な債務名義……調停調書・審判書・判決書・公正証書のいずれも可

決められた期限がきても養育費が支払われない場合に、裁判所が相手方の財産を強制的に差し押さえ、その財産から養育費を確保することができます。

通常は、一度でも養育費の支払いが遅れれば、将来にわたって給料からの天引きができるので、相手方に定期的な収入（給与や家賃収入など）がある場合には、安定した支払いを確保できるようになり安心です。なお、給与についてはその2分の1までの金額を差し押さえることが可能です。

養育費が再婚前まできちんと支払われていたのであれば、できるだけ争いごとなく、話し合いで解決できることが理想です。

しかし、支払い能力があるにもかかわらず、相手があなたの再婚を理由に親としての責任を放棄しようとする場合には、強制的な手段をとることで、親の責任に気づいてもらうことも必要です。

裁判所 HP にある記入例を一部アレンジして転載
http://www.courts.go.jp/saiban/tetuzuki/syosiki/pdf/k01_29youikuhi.pdf

金額がはっきりしないときは、「相当額」と記入してください。

申　立　て　の　趣　旨
相手方は，申立人に対し，未成年者の養育費として１人当たり１か月 〇〇 円を支払うとの（調停）・審判 を求めます。

申　立　て　の　実　情
現在の親権者　☑ 申立人　□ 相手方
申立人と相手方が離婚している場合 離婚の年月日　平成 〇 年 〇 月 〇 日 離婚後の未成年者の監護養育状況 平成 〇 年 〇 月 〇 日まで　☑ 申立人　□ 相手方　のもとで監護養育 平成　年　月　日まで　□ 申立人　□ 相手方　のもとで監護養育
相手方に相談したことの有無 ☑ 相手方に養育費について相談した。 （相手方の意向 現状では支払うことが難しい。） □ 相手方に養育費についての相談をしたことはない。
相手方からの養育費の支払状況 □ １人当たり１か月＿＿＿＿円が支払われている。 □ 支払が一定しない。 ☑ 支払は全くない。
（申立ての動機） 相手方と申立人は〇年〇月〇日に協議離婚が成立しています。その際に長男一郎の養育費を月額5万円、月末に指定口座に振り込むという合意を得て、公正証書を作成しています。 申立人は〇年〇月〇日に再婚しましたが、長男一郎の養子縁組はおこなっておりません。 再婚を知った相手方は、これまで月末にきちんと支払われていた養育費の支払いを〇年〇月末の支払い分より滞納していますので、催促しましたが、全く支払ってくれません。 再婚したとはいえ、実親としての養育義務がなくなったわけではありませんので、この申し立てをします。

（注）　太枠の中だけ記入してください。
□ 部分は，該当するものにチェックしてください。

現在まで引き続き養育している場合は、申立書の作成年月日を記入してください。

この申立てをするに至ったいきさつや事情を分かりやすく記入してください。

■養育費請求調停申立書の記入例

（離婚後、子を養育している母から父に対して、子の養育費の支払いの調停を求める場合）

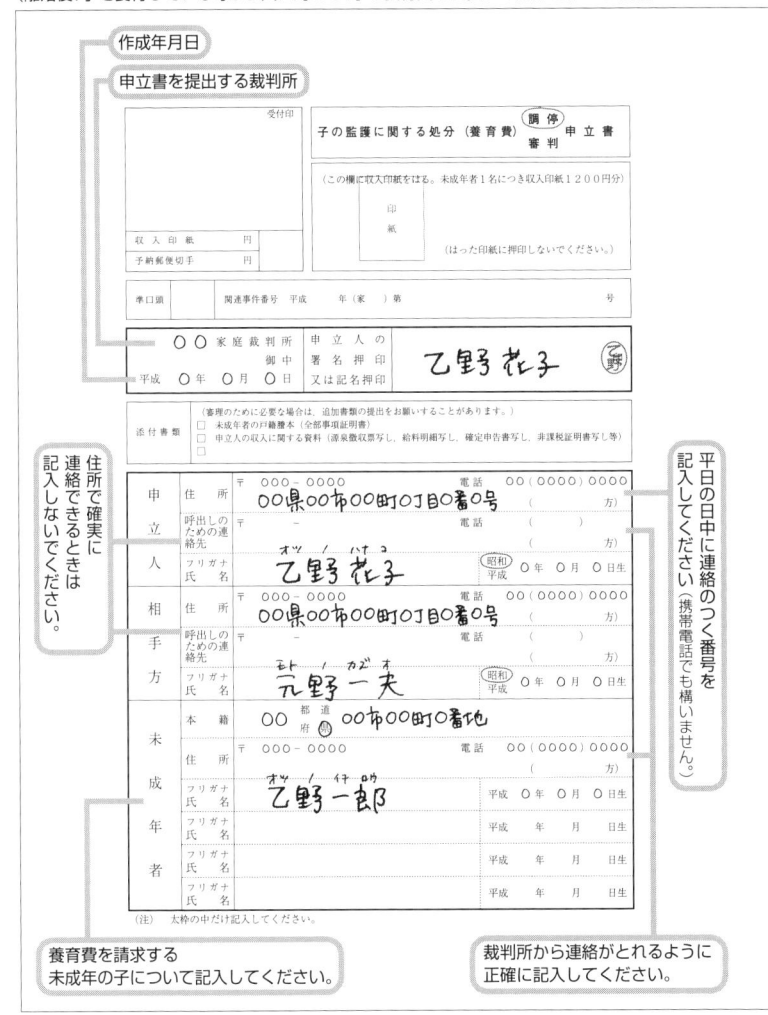

作成年月日

申立書を提出する裁判所

受付印	子の監護に関する処分（養育費）（調停）審判 申立書
収入印紙　円 予納郵便切手　円	（この欄に収入印紙をはる。未成年者１名につき収入印紙１２００円分） 印紙 （はった印紙に押印しないでください。）

準口頭		関連事件番号　平成　年（家　）第　号

○○ 家庭裁判所 御中 平成 ○年 ○月 ○日	申立人の署名押印又は記名押印	乙野花子　（乙野）

添付書類	（審理のために必要な場合は，追加書類の提出をお願いすることがあります。） □ 未成年者の戸籍謄本（全部事項証明書） □ 申立人の収入に関する資料（源泉徴収票写し，給料明細写し，確定申告書写し，非課税証明書写し等） □

住所で確実に連絡できるときは記入しないでください。

平日の日中に連絡のつく番号を記入してください（携帯電話でも構いません。）

申立人	住所	〒 000－0000 ○○県○○市○○町○丁目○番○号	電話 00（0000）0000 （　方）
	呼出しのための連絡先	〒　－	電話（　） （　方）
	フリガナ 氏名	乙《オツ》野《ノ》花子《ハナコ》	（昭和）平成 ○年 ○月 ○日生
相手方	住所	〒 000－0000 ○○県○○市○○町○丁目○番○号	電話 00（0000）0000 （　方）
	呼出しのための連絡先	〒　－	電話（　） （　方）
	フリガナ 氏名	元《モト》野《ノ》一夫《カズオ》	（昭和）平成 ○年 ○月 ○日生
未成年者	本籍	○○ 都道府（県） ○○市○○町○番地	
	住所	〒 000－0000	電話 00（0000）0000 （　方）
	フリガナ 氏名	乙《オツ》野《ノ》一郎《イチロウ》	平成 ○年 ○月 ○日生
	フリガナ 氏名		平成　年　月　日生
	フリガナ 氏名		平成　年　月　日生
	フリガナ 氏名		平成　年　月　日生

（注）　太枠の中だけ記入してください。

養育費を請求する
未成年の子について記入してください。

裁判所から連絡がとれるように
正確に記入してください。

8 再婚後の面会交流

●大人の都合だけで面会交流をやめない

これまでにも何度かふれてきましたが、面会交流とは、離婚後または別居中に、子どもと一緒に暮らしていないほうの親が、子どもとの面会や交流を行なうことです。

法律的には、面会交流と養育費の支払いは切り離して考えるべきものとされていますが、一般にこの2つは、離婚後に離れて暮らす親と子どもの関係を支える両輪と考えられています。

養育費の支払い率が2割未満と低い日本では、面会交流の実施率も当然ながら低いのが現状です。そんな状況のなか、離婚後も面会交流を続けている親子は理想的です。一緒に暮らしている親だけではなく、離れて暮らす親も子どもとかかわりをもち続けることは、子どもの健全な育成につながります。

ところが、再婚を機に面会交流をやめてしまうケースも多くみられます。理由としては「再婚によって遠方に住むことになったから」「相手が養育費を支払わなくなったから」「子どもが新しい家庭になじむのに時間がかかるから」「新しいパートナーを親だと思わせたいから」など、さまざまなものがあります。また、離れて暮らす親のほうが、再婚家庭に遠慮して面会をやめてしまうケースもあります。

いずれにしても、子どもの気持ちは無視されて、大人の都合で面会交流が行なわれなくなることが多いように見受けられます。

●子どもの気持ちを優先しつつ新たなルールづくりを

再婚後に面会を続けている場合でも、3章のケース8（84頁）で紹介した真紀子さんのように、元配偶者によって再婚家庭がふりまわされるケースも多くみられます。元配偶者が「再婚後は子どもに会わせてもらえなくなるのではないか」と不安をふくらませ、子どもを人質にとられているような気分に支配されて極端な行動をとってしまう、といったことがあるようです。

再婚してもこれまでどおりに親子間の交流が続き、子どもがたくさんの大人に見守られて育つことが理想ですが、こうしたトラブルを避けるためには、再婚にあたって、両者で面会交流のルールを確認することが必要です。2章でも説明したように面会交流の頻度、金銭の負担など、おたがいの家庭の都合を考慮して話し合いましょう（57頁参照）。もちろん最優先されるべきは、子ども自身の都合や気持ちです。

6章 後悔しない新生活の迎え方

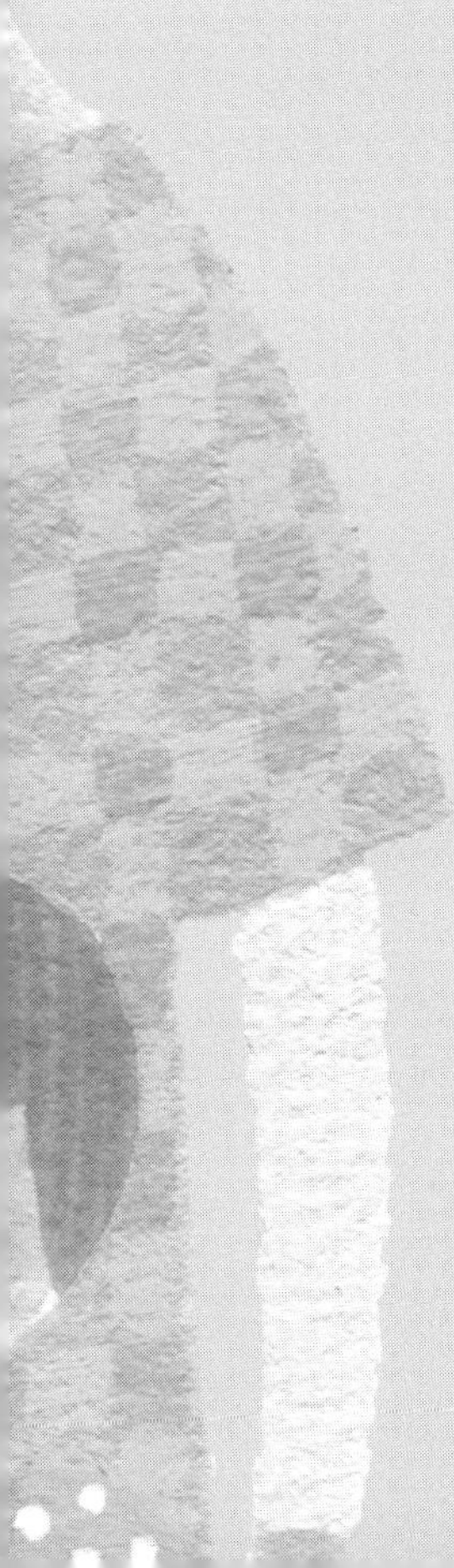

Q 継子を愛せません

小学生の継子に、どうしてもイライラしてしまいます。誰にも言えません。夫の帰りが遅いときなど、継子と2人でいるのが苦痛です。私は悪い継母でしょうか？

A●●●イライラするのも愛せないのも当たりまえです。継子というのは、あなたが好きになったパートナーと元配偶者との愛の結晶です。そう考えたら、生理的に受け入れられないのは当然だし、最初から「愛さなくては」とがんばること自体に無理があるのです。

継子の容姿がパートナーの元配偶者に似ていることや、生活習慣の違い、パートナーのしつけの甘さなどに、イラッとすることもあるでしょう。継親と継子が同性の場合には、パートナーをめぐって子どもなりに敵対心を示すこともあり、それがストレスに感じられることもあります。恋愛中には継子を「かわいい」と思っていたのに、同居してから四六時中、一緒にいることになって、初めてストレスを感じたという人もいるでしょう。

でも、自分を責めないでください。継子を愛せないという感情は、継親なら誰もが感じるものです。「いい親にならなくちゃ」とがんばるほど、嫌悪感が募ったり、自分を責めたりして、苦しくなるばかりです。

もちろん、だからといって、継子に対して無視や意地悪をしていいということではありません。あなたはあくまでも大人なのだから、大人としての対応をすべきです。ストレスを継子にぶつけるのではなく外に発散するよう、自分の逃げ道をつくってください。

同じ経験をしている継親同士が一番ストレスをわかりあえるので、仲間を探してネットワークをつくるのもいいでしょう。イライラして気分がすぐれないときには、自分の好きなことを意識的にやってみるなど、上手に気分転換をしてみてください。

わが家の場合も、継子がおしゃべりで一緒にいるとうるさすぎてストレスを感じることが多いのですが、そんなときは自分が部屋を移動することで気分転換をはかります。「ママは仕事をするのでお部屋には来ないでね」と断わって、少し距離をおくのです。

また、継子の世話についても「再婚したんだから母親らしくしなくては」などと責任を背負わずに、「実親ができないところを手伝ってあげる」というくらいのスタンスで暮らしはじめたらいいと思います。実子の面倒をなにもかも継親任せにするパートナーには問題があります。自分の子の責任は自分でもつのが基本です。

継子の親になるために再婚したわけではありません。継子を家族として受け入れていくのには時間がかかります。あせらず、無理なく、ゆっくりと。

Q 生活習慣の違いは、どう折り合いをつけたらいいですか?

おたがいに子連れで再婚して同居しはじめ、夫家族との生活習慣の違いにウンザリしています。子どものしつけ方も違うので、私が継子を注意しても思うようになりません。

A●●●2つの家族が生活するようになって初めて、恋愛中には気づかなかった生活習慣の違いに愕然《がくぜん》とすることは多いでしょう。ステップファミリーにとって最初の試練です。

どちらかがおかしいとは思わずに、まずはその違いを認めることが大切です。朝起きてすぐに歯を磨く人もいれば、朝食のあとで歯を磨く人もいます、朝食前と朝食後に磨く人もいれば、1日3回、かならず食後に磨く人もいます。

夫婦2人でも生活習慣は違って当たりまえなのですから、それが家族対家族になれば、一人ひとりの個性も重なり、本当にさまざまな習慣に遭遇するはずです。

そもそも生活習慣というのは、続けることでつくられます。小さいときには自分で歯を磨く習慣のなかった子どもが、親から毎日、「食べたら歯磨きしなさいよ」と言われつづけてやってきたことが、いつの間にか習慣になっていきます。
言われたときに「やらなくてはいけない」と思うような意識を「顕在意識」といいます。言われなくても習慣的にやってしまうような意識を「潜在意識」といいます。潜在意識は、同じことを百日続けることで身につくといわれています。

2つの家族の生活習慣の違いは、おたがいの家族が百日以上続けて身についてしまった「潜在意識」なのです。そう考えると、簡単に変えられるわけがありません。

朝起きて歯を磨かない、顔を洗わない、食事をつまらなそうに食べる、あいさつができない、部屋の片づけができないなど、あなたにとって許せないことも、もう一方の家族にとっては日常的に続けてきたことなのです。

頭ごなしに「おかしい」と怒るのではなく、新しいルールをつくって百日以上続ける努力をしないと解決しないことを知ってください。

どちらかのルールに無理やり合わせるのではなく、新しいルールを意識しながら、みんなでがんばって百日間続けてみることで、自然に生活習慣ができあがることでしょう。

それでも歩みよれない部分は、無理に同じにしなくてもいいと思います。朝起きてすぐに歯を磨くのか、食事のあとに歯を磨くのかなんていうことは、どちらかに統一しなくても問題ないことです。内容によって柔軟に考えましょう。

Q 継親の呼び名をどうしたらいいですか？

再婚したら、子どもたちに彼を「お父さん」と呼ばせるべきでしょうか？子どもたちは恋愛中から彼と交流があり、ずっと彼のことを「お兄ちゃん」と呼んでいました。

A●●●再婚後の継親の呼び方については、ご家庭によってさまざまです。お子さんの年齢に合わせて考えてあげたほうがいい問題です。

小学生くらいになると、いままで「お兄ちゃん」と慕ってきた人をいきなり「お父さん」と呼ぶのには抵抗があるかもしれません。そんなときには子どもの意思を尊重して、ファーストネームやニックネームで呼ぶことなどを提案してみるといいかと思います。

わが家も再婚したときには、上の子どもたちは年齢が10歳以上と大きかったので、わが子は夫のことを「あっちゃん」とニックネームで呼び、継子は私のことを「てるてる」とやはりニックネームで呼ぶようになりました。

ですが、先ほども書きましたが、当時2歳だった一番下の継子は、保育園などで周りが私のことを「ママ」と呼ぶのを聞いていたせいか「ママ」と呼びたかった様子で、しばらく暮らしているうちに「ママ」と呼ぶようになりました。

家では継親のことをニックネームで呼ぶ上の子どもたちも、外では「父」「母」と呼ぶなど、シチュエーションによって呼び方を使いわけているようです。私の長女に関しては、再婚したときに17歳だったので、夫のことは「ママの旦那さん」と外では呼んでいます。

大切なのは、子どもが無理なく口にできる呼び名にすることです。

ただし、継父を「お兄ちゃん」と呼んでいると、周りの人には、母親のパートナーだということがわかりにくいかもしれません。「お父さん」と呼ぶか、それがいやなら名前かニックネームで呼んでほしい、などと提案してあげるのはいいと思います。

再婚によって、子どもたちは多くの変化を経験します。子どもの意思が尊重されずに、一方的に子どもがその変化を受け入れていかなくてはならないことが多いのです。そんなときに、呼び名ごときで子どもに無理をさせないようにしましょう。

また逆に、「お父さん」「お母さん」と呼ばれたくないという継親もいます。子どもが継父に「お父さんと呼んでもいい？」と聞いたときに「ヤダよ」と言われて傷ついたという声も聞きました。親としての責任を呼び名で押しつけられたくないという継親のこだわりもわからなくはないですが、やはり一番尊重すべきは、子どもの気持ちです。

Q 再婚家庭は虐待要因ですか？

このところ、継親の継子に対する虐待事件を耳にするようになりました。再婚家庭というだけで、わが家も学校で虐待を疑われたりしているのでしょうか？不安です。

A●●●たしかに、子連れの再婚家庭は虐待のリスク要因（可能性を高める要因）のひとつであるとみられています。

再婚家庭で虐待が起きたケースでは、継親が継子をペットのような存在とみて、十分になつかないからと不満をもったり、妻（夫）の愛情を子どもと奪いあってしまったり、家庭外でためたストレスのはけ口を継子に向けたりするなどの原因があったようです。

実親については、子連れであることを引け目に感じ、虐待を止めるどころか、逆にパートナーへの愛情を示そうと加担してしまうケースもあると分析されています。

ただし、リスク要因であることが、かならず虐待を引き起こすということではありません。ステップファミリーは、他人同士が集まって新しい関係を築かなくてはならないので、たしかにストレスフルです。しかし、虐待は血縁のあるなしで起こるものではなく、虐待に至る過程などを考えずに、単純にリスク要因とみるのは間違っていると思います。

私の知っている継親はみんな、童話「シンデレラ」のように継子いじめをしていると周りから思われることを恐れて、必要以上にがんばっている人のほうが多いです。実親だって子どもにストレスをぶつけることはあります。継親は、実子に感じるのと同様のストレスを継子に感じても、「我慢しないと継子いじめに見られてしまう」と思ってこらえなくてはならないから大変です。

また、たしかに実親の立場としては、パートナーが実子を厳しく叱りすぎていても「親になろうと努力してくれているんだから」と遠慮して、厳しすぎることを指摘できずにいることも多いと思います。私も過去に初婚の彼と事実婚していたときには、彼のしつけが厳しすぎると思っても、彼には言えませんでした。でもいまは「自分の子どもじゃないんだから叱らなくていいよ」と夫に言っています。実子を継親の厳しすぎるしつけから守ってあげることも、実親のだいじな役割だと思います。

基本的に、子どものしつけ役は実親が担当して、叱られた子どもの話を聞いたり、子どもをかばったりしてあげる「いいとこどり」な役割を継親が担当するのが理想的だと思います。子どものしつけについては、再婚後に一番もめごとが多い点なので、再婚するまえに役割分担や方針について、相手と話し合っておけるといいと思います。

Q セメントベビーをつくるべきでしょうか？

私に子どもがいて再婚しました。セメントベビーをつくるべきか悩んでいます。夫は実子となるセメントベビーができたとき、継子を同じように育てられるかわからないという不安があるようです。

A●●●セメントベビーが生まれても、継子を同じように育ててほしいと、あなたが思っているのでしょうか？　そうしなくてはいけないと、夫が思い込んでいるのでしょうか？

そもそも実子と継子を同じ愛情で育てるのには無理があります。やはり血のつながった実子がかわいいのは当然だからです。

おそらく彼はセメントベビーの誕生に不安を感じているのではなく、新しい家族の結束に不安を感じているのだと思います。

ステップファミリーは、最初は個々の関係の確立からスタートします。「彼とあなたとの強い信頼関係」「あなたの子どもと彼との強い信頼関係」「あなたと子どもとの変わりない信頼関係」という3つのブロックを上手に組み合わせることが大切です。最初から無理に１つの家族にまとまろうとするのではなく、ブロックがそれぞれきちんと固まったのちに、３つが組み合わさっていくイメージです。セメントベビーはこれを強く組み合わせるための絆になると考えられています。

抽象的なイメージでお伝えしましたが、いま、あなたの家族に必要なことは、彼の現在のがんばりを認めてあげて、夫婦の信頼関係をしっかりと築くことです。夫婦の絆が強くなれば、彼も自然とあなたの実子を「大好きな妻の子ども」として受け入れられるようになり、継親としての不安も少なくなるでしょう。

無理に実の父親のような存在になる必要などないし、生まれてくるセメントベビーと継子への愛情が別ものであっても、なにも問題はないのです。「同じであるはずがない」ということに気づき、それでいいんだと自信をもつことがだいじです。新たな家族のつながりを実感できれば、一般論でいう「親の愛情」を気にしなくていいのです。

いま、あなたにできることは彼の気持ちを変えることではなく、彼と２人で仲良くステップファミリーについて学び、セメントベビーの役割について話し合うことです。

お子さんにとっては、セメントベビーはきょうだいでもあります、一緒に楽しんで子育てができるように、家族３人で話をすることも重要です。セメントベビーの育児という１つの目標に３人が向きあえれば、きっと素敵なステップファミリーになれるはずです。

Q 再婚後の面会交流は、どう考えればいいですか？

小学生の娘がいます。初婚の彼と、結婚を前提としてお付き合いをしています。元夫から養育費をもらっており、子どもは元夫と面会をしていますが、再婚が決まってからは元夫に邪魔をしてほしくないと思うのが本音。そして彼に申し訳なくなってきました。

A●●●日本の養育費の支払い率は2割にも満たない状況です。そんななかで、きちんと責任を果たしているお子さんの父親はえらいと思います。

再婚してからは元配偶者とかかわりたくないという気持ち、本当にすごくわかります。でもお子さんにとっては、たくさんの大人に見守られて育っていけることが理想的です。

離婚した元配偶者の性格に問題があって、子どもに悪影響を与えるので子どもとかかわらせたくないという親もいますが、子どもは大人のいいところも悪いところも見極める能力をもっているので、親があまり守りすぎなくても、成長とともに自分で判断して付き合っていけるようになるでしょう。

再婚相手の気持ちですが、おそらく新しい家族の結束に自信がもてるまでは、お子さんが元配偶者と定期的に面会することに抵抗があると思います。自分には連れ子がいない継親の場合、笑顔で「行ってらっしゃい」とは言えず、感情に葛藤があると思います。

そんな再婚相手の気持ちをあなたはパートナーとして受けとめ、相手に感謝しながら、しばらくは面会頻度を少なくするなどして、再婚相手に少しずついまの状況に慣れてもらえるように工夫をされてはいかがでしょうか？　または、元配偶者にも理解してもらって、再婚家庭が安定するまでは写真を送るなどで成長を見守ってもらうような工夫をされるのもいいかもしれません。

パートナーに対して「申し訳ない」と感じすぎて、自分の立場を下げるのではなく、パートナーと一緒に問題に向きあう姿勢が大切です。

いまの気持ちを素直に彼に相談して、頼ってみてはどうでしょうか？　子どものためにどうすべきかということを、彼も彼なりに考えてくれると思います。

ものは考えようです。お子さんの面会の時間を使って、彼と2人だけのデートの時間を楽しく過ごし、2人の絆をしっかりと築いていく工夫をするというのもよいのではないでしょうか。2人の関係が強くなれば、子どもの面会交流に対する彼の不安な感情も緩和されるし、なによりも彼が、あなたの子どもを「大切なパートナーの子ども」として受け入れられるようになっていくと思います。

Q 上手に夫婦で話し合いができません

夫に自分の思いを理解してもらうのが、なかなか難しいです。言わずにあきらめようとしてしまう自分に悩む毎日です。どうしたら素直になれるでしょうか?

A●●● 一緒に暮らしている関係でも、抱えているストレスは違うし、なんでも口に出して伝えないと相手にはわかってもらえません。ついつい夫婦は「言わなくてもわかっているでしょ」とおたがいに甘えがちですが、言わないと問題は解決できません。とくにステップファミリーの場合、夫婦の問題意識にズレがあることが多くみられます。一方がすごく悩んでいるのに、パートナーはそれに気がつかずに過ごしていることが多いのです。

上手に話し合いをするには、ポイントがあります。「言葉は、近しい人間には感情が8割、意味が2割で伝わることが多い」ということを覚えておいてください。伝える話の内容が大切なのではなく、伝えるときの感情こそが大切なのです。イライラして伝えると「なんだかよくわからないけど怒っているんだ」としか理解してもらえないので、結局は言いたいことがきちんと伝わらず、下手をするとケンカになってしまいます。

身近な人間に本当にわかってほしいことを伝えるときには、感情を落ち着かせ「理解してほしい」という気持ちで話し合う必要があります。

また、相手に自分の気持ちを伝えるうえで「アイトーク」を心がけることをおすすめします。「アイトーク」とは「アイ（i）＝私」を主語として思いを伝えることです。「あなたが○○してくれないからいけないのよ！」ではなく、「『私は』あなたがこうしてくれたらよかったと思うの」「私はあなたにこうしてほしいと思っているんだけど、どうかな？」というふうに話をするのです。

「私」を主語にして自分の思いを伝えたあとには、一方的にならないよう、「あなたはどう思っているの？」と相手の意見を聞く姿勢もだいじです。

この本でくり返しお伝えしてきたように、幸せなステップファミリーになるためには、まずはしっかりと夫婦関係を築くことが重要です。夫婦の絆がしっかりしていないと、家族もまとまりません。ささいなことでも、疑問に思ったときに解決。あきらめずに、夫婦で向きあって話し合いをしましょう。

すでに会話がなく、話し合いができないという方は、最初のきっかけはメールや手紙でもいいと思います。自分の思いを文章で伝えたうえで、「あなたの考えていることも聞かせてほしい」と添えて、話し合いのきっかけをもってみてはいかがでしょうか？

Q 元妻の存在が気になって落ち込みます

私の婚約者はバツイチで、彼の子どもは元妻と住んでいます。私はとてもやきもち焼きで、元妻のことが気になりすぎてしまいます。「私より本当は元妻が好きなんじゃないか？　ヨリを戻すんじゃないか？」と、あれこれ考えては暗くなってしまいます。

A●●●恋愛初期の不安な気持ち、すごくわかります。離婚経験のある男性と付き合う場合、多かれ少なかれ、誰しも経験する不安だと思います。

パートナーの気持ちを疑ったり、恋愛に不安を感じたりする原因は、自己評価の低さにあります。「どうせ私なんか……」という自分への自信のなさが、もっとも大きな要因なのです。だから自己評価を上げる努力をしましょう。

自分のいいところを、毎日メモ帳やブログなどに書きだしてみましょう。いつも同じことを書いてもいいですが、がんばって少しずつ増やしていきましょう。

たとえば、私の場合は「明るい　元気　健康　打たれ強い　おおらか　友だちが多い

くよくよしない　優しい　思いやりがある　文才がある　スポーツが万能　趣味が多い　人に信頼される　リーダーシップがある　家族を大切にする　ペットを大切にする　友だちを大切にする　人の話を聞くのが上手　伝えたいことを伝えられる　正直　嘘をつかない　好奇心旺盛」などです。

こんなふうに私が、ずうずうしいほど自分の長所をたくさん書けるのは、過去に百日間、自分の長所を書きつづけていたからです。百日も書きつづけると、不思議なことに、自分のことがとっても好きになります。そして自分に自信がもてます。

その結果、「私という妻がありながら浮気するような夫なら、捨ててやればいいんだよね」「夫の元妻みたいな人間に私が負けるわけがない」「万が一、夫と別れることになっても、私には次の明るい未来があるはずだよ」なんて、かなり前向きに考えられる自分に変身できました。

ちなみにパートナーの浮気を疑うというのは、愛情が強いからというわけではありません。自分に浮気心があるから、同じように相手の浮気も疑うのかもしれません。パートナーの嫉妬を「愛が深い証拠！」などと単純に喜ぶのも考えものです。

恋愛関係はフィフティ・フィフティが基本です。おたがいに依存したり無駄に嫉妬したりするのではなく、対等に向きあえる関係を築くためにも、自分に自信をもつことが大切なのです。

先輩ステファに聞く！

いま悩んでいることや家族の課題

現在の悩みや家族の課題を、先輩ステップファミリーに聞いてみました。

子どものこと

●私の連れ子に対する夫の対応が、どうしても実子と違うように見えてしまう。それに過敏に反応してしまう自分がすごくいやです。

●継子たちが私を母親と認識していないのなら、戸籍上の養子縁組は解消したいと考えている。でも、心のどこかで継母の意地がある。

●継子長男は発達障害があります。継子次男は平気で嘘をついたり、カエルを踏みつぶして笑っていたりします。でも、夫は怒るわけでもなく、面倒くさいことは避ける傾向にあるので困っています。

●夫は初婚で、まじめで、どなったりしない穏やかな人ですが、息子と距離があり、私がどううまく仲介すればよいか難しいです。

●継娘がうつ病と不登校になっています。外出して家から離れていてほしいのに、家から出ない生活になってしまい、学校に戻れるのか、ニートになってずっと家にいたらどうしようか、恐ろしいことばかり考えて、私までうつ症状に悩まされています。

●夫は、私と継子の距離がなかなか近づかないのが悩みのようです。給料も家に入れて、家事も半分やって、育児もちょっとはしています。これ以上は無理です。

●おたがい子どもを連れての再婚同士。夫の子どもは本当の母親の記憶があるため、私は継母として受け入れられない。

●中2男子の継子が問題行動を起こすのですが、そのことに対しての旦那と私の温度差。現在までに離婚を考えましたが、もう一度がんばって暮らすために、旦那がその子に対してきちんと向きあって対処してもらうようにお願いしています。

●夫が私の実子に対して威圧的な言動をとってきたため、一緒にいると子どもたちが彼の顔色を気にしてのびのびと行動できない状態です。すると、彼も子どもたちの本心がみえず、思い込みばかりが強くなってしまっているように感じます。

●娘が継父にまったく心を開かない。娘の気持ちに少し変化があるまで見守って、私のできる範囲でフォローするしかないかなと思ってます。夫につねに申し訳ない気持ちで、つぶれそうです。

●私の子どもと夫の連れ子の関係がよくないので悩んでいます。

●長男がいま中3で、ちょうど思春期まっただなかです。受験のプレッシャーもあるなかで、継父に「やる気がない!」とかうるさく言われ、いまは口もほとんどきかない状態になりつつあります。

●夫が忙しく、継子である私の子と話す時間があまりないので、もう少し話せる時間をつくりたい。

面会交流や別居親のこと

●子どもと実の父親との面会が続いていて、

私自身も気分はよくないです。でもそれ以上に周り（夫や母）にいやな顔をされるのがキツいです。

●継子の実母が近くに住んでいて、月1度のペースで会い、そのたびに自分の気持ちが乱されるのがいやです。

●元配偶者が「子どもに会わせろ」と言い、子どもたちが私から精神的虐待を受けているという脅しの手紙を私の母に送ってきたりします。「落ち着いたら会わせる」と伝えてきたのですが、ストーカーまがいの行動から今度は許しがたい暴言の数々です。

●主人の元配偶者が、継子たちとの面会交流について調停を起こしてきて、継子たちも傷ついてます。

●別居親の言動が境界線を越えること。公正証書で決めたことでも、なにか申してると攻撃的になる。将来、養子縁組をしようと思っていますが、別居親がなにか言いそうでいやです。

●前妻が金銭について細かいので、主人に遺言書を書いてほしいのですが、頼んでも書いてくれない。

●継子2人に対して実母から「親権変更の申し立て」があり、調停を経て、子どもの希望どおり下の子は実母のもとへ行きました。いまとなっては、上の子も実母のもとへ行かせればよかったかと悩んでいます。親権変更の調停が終わって以来、継子の実母がうろちょろしたり、学校へも現れたりしはじめて、私の実子にまで余波が。自分勝手なふるまいにイライラしています。

●元夫や義母が子どもを甘やかすので困っています。養育費もいっさいもらっておらず、かかわりたくないのですが、子どもにとっては実の父と祖母なのでそうもいかず、ストレスです。

その他

●いろいろあり、長女（継子）は実母の再婚家庭に同居中です。夫と親子関係がうまく築けていないのは、私が原因なのかと心のすみで引っかかっています。

●夫は前妻のもとに実子がいます。中学にあがるタイミングで、養育費の増額キャンペーンがくるだろうなーと恐怖を感じています。

●早く夫婦2人での生活をしたいです。でも、いまの継子たちの様子を見てると自立できない感じがします。実親ならいつまでも家にいてほしいと思うんでしょうが、私はまったくそう思うことができません。

●夫は前妻とは死別ですが、前妻の遺骨が夫の実家のお墓に納骨されています。夫は私と2人のお墓を新たにつくり、一緒に2人だけで入ろうと言ってくれてますが、継子たちがそれに納得するかどうか不安です。

●これからセメントベビーを保育園に預けて仕事復帰の予定ですが、私が時短勤務にして保育園の送り迎え&夕食&お風呂を全部やるのは不可能です。

●彼の子どもを産んであげられなかったことがときどき心のなかで大きくなり、悲しくなることがあります。

「悩みがつきないのが悩みの種です」と答えている方もいて、共感しました。

先輩ステファに聞く！

夫婦の関係をよくするために工夫していること

家族が結束するには、まず夫婦の関係がだいじです。先輩ステップファミリーに、よい夫婦仲を継続させる秘訣《ひけつ》を聞いてみました。

●自分がされていやなことはしないように努める。感謝の気持ちをつねに伝え、優しい気持ちで夫と会話すること。

●ありがとうをきちんと伝え、できるかぎりほめる。

●べたべたしているときと、離れているときが、はっきりしてるかもしれません。

●おたがい、譲れることは極力相手に譲ります。気に入らないことも、あまり気にしないようにしてます。

●（継子の）親になることを強要しない。

●自分の子のことは、それぞれができるだけ責任をもって面倒をみること。

●夜、2人でテレビや映画を観ながらお酒を飲んだり、食事に出かけたり、旅行にいく。

●ケンカしても、時間をおいてから客観的に自分の言動を見つめなおし、必要なときは素直に謝る。問題解決の一歩になるように努める。

●夫が疲れているときにはマッサージしてあげます。

●子どもより夫が一番好きと伝えています。「家族の基本は夫婦」だと思っています。

●うちは夫が子どもより私優先で、家族みんなでより、私と2人で出かけたがります。私もももちろん継子がいないほうがよいので、よく2人だけで出かけています。

●過去の話はしない。ロクなことがないので。

●なるべく一緒にごはんを食べる。休日は一緒に過ごす。共通の趣味がバドミントンなので、一緒に練習してます。

●朝のあいさつ、出勤の見送り、夫からの昼休みの電話、帰宅の出迎え、一緒に食事、就寝など、できるかぎりやっています。

●継子についてのグチはパートナーには言わないで、友だちに言うようにしています。

●子どもはもう大きいので、食事の後片づけが終わったら2人でパチンコに行く。勝ったほうが酒を買ったり、レンタルDVDの支払いをする。両方負けたら、さっさと帰って傷のなめあいをする（笑）。

●2人で外食をします。その際、できるだけ子どもの話はしません。

●毎日キスして抱きしめあって、おたがいへの愛情表現を忘れない。

●週末は、娘に実家に泊まってもらって、2人だけの時間を設けるようにしています。

●一緒にお風呂に入ってみたり、たまにはラブホに行ってみたり、2人の時間をつくる。

　夫婦関係を大切にする工夫、いい家族を築くために、みんないろいろと工夫しているみたいですね。

column

幸せなステップファミリーになるための秘訣♪

幸せなステップファミリーになるためになによりも大切なことは、夫婦の絆を強くすることです。夫婦がたがいに支えあい、結束していれば、自然と家族は徐々にまとまります。

うまくいっているステップファミリーには、夫婦の絆を強くするために意識している共通点がいくつかあります。

1―夫婦2人だけの会話をする

ステップファミリーは、生活のなかに最初からいつも子どもがおり、大人の話にもうるさく口をはさんできたりします。せめて寝るまえの数分間だけでも、夫婦がその日にあった出来事などを話し合うことは大切だと思います。子どもと寝室を別にして、寝るまえのピロートークを大切にしていますという声はよく聞きます。

わが家は事情があって寝室は夫婦別なのですが、2人の時間をできるだけつくるために、2人だけで飲みに出かけたり、その帰りにシティホテルなどに宿泊したりします。

2―記念日を大切に過ごす

結婚記念日、お誕生日、バレンタインデー、ホワイトデーなど、2人で祝うべき記念日はたくさんあります。恋人同士のときにはお祝いしていたのに、入籍してから祝わなくなったという声もよく聞きますが、〝釣った魚に餌を与えない〟状態はナンセンスです。

小さなプレゼントでもいいから用意して、お祝いをする気持ちが大切です。おたがいに意識したいことです。

わが家は結婚記念日とバレンタインデーが近いので、その時期になるといつもお洒落なレストランを予約してディナーで祝います。プレゼントは高価なものではありませんが、携帯ストラップを毎年用意して、おそろいでつけています。もちろん夫からも、記念日にはいつもなんらかのプレゼントをもらっています。

3—夫婦で楽しめる趣味をもつ

家族ではなく2人だけで楽しめる趣味をもちましょう。夫婦でテニスをしている人もいれば、ゲームが趣味という人や、2人でよく飲みにいきますという人もいます。

わが家では、家族で楽しむ趣味はキャンプやスキーですが、夫と2人だけで楽しむ趣味として、最近ゴルフを始めました。2人ともお酒も好きなので、よく飲みにもいきます。意識してやっていることのひとつです。

4—2人の夢をもつ

将来、どんな家族になりたいか、どんなふうに過ごしたいか、なにがほしいか、それらの夢を実現するためにどんな努力が必要かなど、具体的に思い描きましょう。家をもちたい、セメントベビーがほしい、車がほしいなど、なんでもかまいません。2人で夢を描いて実現に向けて努力することも大切なことです。

わが家は、結婚当初からの夢だった、念願の那須（栃木県）の家を昨年手に入れることができました。5年後には定住できるように準備していくことが当面の目標です。

5―パートナーの味方を貫く

再婚相手が孤独な思いを抱えていないか、いつも配慮しましょう。いつもあなたがパートナーの味方でいましょう。

ときに、継子に対する大人げないような嫉妬心が、2人の良い関係の妨げになることもあります。

とくに、実の娘がいる再婚男性にアドバイスです。継母にとって、夫から娘への過剰な愛情表現は、嫉妬心がわいて大きなストレスになります。妻が見ているまえで娘と過剰にベタベタする態度はつつしんで、「誰よりも君を一番愛している」と妻にアピールすることが夫婦円満の秘訣です。

わが家でも継子が夫に、「ママと私とどっちが好き?」と質問することがよくあり、聞くたびにイラつきました。夫は私のまえでは子どものほうが好きとは答えませんでした。なかなか賢明な選択だったと思います。

また、「元妻の話になると夫が不機嫌になるのがむかつく」という女性たちの意見もたくさん聞きました。とくに継母の立場の女性にとっては、しつけのなっていない継子の責任を元妻のせいにすることで気分転換になることがあります。そんなときにはパートナーの側に立って、一緒に悪口を言うくらいの対応のほうがカドがたたないようです。

別れた相手の悪口をいまさら言わなくてもという気持ちもわかりますが、パートナーの側に立って完全に味方に徹するというのが、夫婦円満の秘訣です。

あとがき

子連れ離婚が増えています。それは当然ながら、数年後に子連れ再婚するステップファミリー予備軍も増えているということでもあります。

私が離婚した20年以上前には、子連れ恋愛なんてナンセンスという風潮がありました。しかし現在では、私が出会うシングルマザーたちの多くが、口ぐちに「恋愛したい」「どうしたら出会いがありますか?」と言い、次の恋に意欲的です。

先日、私の「子連れ再婚を考えたときに読むブログ」で「継子を愛するのは難しいので、がんばりすぎないで」という継母に対する励ましを書いたところ、「継子だから愛せないんじゃなくて、子どもとの相性なんじゃないでしょうか? 継母だからと逃げないで!」というコメントをいただきました。シングルマザーの方からでした。でも、じつはこれこそが、ありがちな「根拠のない自信」なのではないかと思いました。

経験してみないとわからないこと、経験するまで気づけないことが、子連れ再婚にはたくさんあります。

本書を書き上げたとき、「ああ、私が再婚するまえに、こんな本があったなら」と、ひとりつぶやいてしまいました。どんな世界にも先達がいて、その人のチャレンジや失敗経験が、あとに続く人の役に立ちます。その意味で、私が子連れ再婚に関して、こうして自分の経験から本を執筆できたことをとてもうれしく思います。

夢や幻想をとりはらうような、現実感に満ちたこともたくさん書きました。その点については、同じことで悩んできた先輩からの苦言と受けとめてくれるといいなと思っています。


6年前にステップファミリーとしてスタートしたわが家ですが、まだまだ終着点に達したわけではありません。いまだに日々、さまざまな葛藤があり、チャレンジをくり返しながら前進しているといった感じでしょうか。

夫の連れ子が2歳と12歳、私の子どもたちが10歳と17歳、6人家族という大家族でスタートしたわが家でしたが、いまでは上の2人が独立して、家を出て生活しています。わが家に来たときにはおむつをしていた一番下の継子も、小学生になりました。

なにも問題がなくなったわけではなく、問題に対処する力や気にしない力を身につけて、私自身が継母としての成長を積み重ねているような気がします。

いつまでも進歩しない家族はいないし、時間が解決することもたくさんあります。根拠のない自信が打ち砕かれたとき、子連れ再婚をあきらめてしまうのではなく、数年後の家族の成長を楽しみに、ぜひ乗り越えてほしいと思います。楽しいこともたくさんあります。

執筆にあたり、多くの励ましやアドバイスをいただきました。法律監修をしてくださった弁護士の綱藤明先生、編集の大塚玲子さん、太郎次郎社エディタスの北山理子さんに感謝です。おかげさまで本当に素敵な本ができました。

２０１１年５月の連休に

新川てるえ

子連れ恋愛や再婚を相談できる窓口

■NPO法人ウインク　http://www.npo-wink.org

理事長の新川てるえが、カウンセリングも担当します。相談内容は、離婚・再婚・恋愛・子育てなど家庭問題全般ですが、ステップファミリーのカウンセリングについては、どこよりも専門知識をもっています。事前に相談予約が必要。遠方の方は電話相談で。

■池内ひろ美さん　http://www.ikeuchi.com/

家庭問題評論家としてテレビや雑誌で活躍中の池内ひろ美さん。離婚だけではなく再婚についても、カウンセラーや弁護士など専門家の紹介もしてくれます。多くの離婚を見てきたからこそわかる幸せな結婚のノウハウを教えてくれます。

■NPO法人ファミリーカウンセリングサービス　http://www.npofcs.org/

35年の活動実績から誕生した「関係回復カウンセリング」にもとづいて、夫婦や家族の問題の早期解決をめざしてカウンセリングを行なっています。男性のカウンセラーが常駐していますので、女性カウンセラーに相談しにくいときにはおすすめです。

■にこにこオフィスカウンセリングサポート　http://www.muratacl-office.com/

専門は、幸せになるための結婚についてのマリッジカウンセリング。代表カウンセラーの村田ひろみさんご自身が、幸せなステップファミリーを築いています。希望があればステップファミリーの相談にも対応してくれます。経験者だからこそわかってくれる相談先。

■夫婦（カップル）をサポートするカウンセリングルーム
Ｈｕｍｍｉｎｇ　Ｂｉｒｄ　http://www.hummingbird-cr.com/

大阪市内にある、夫婦の悩み全般に対応するカウンセリングルーム。妻・夫の不倫や浮気、ＤＶ、夫婦関係の不和、離婚、セックスレスなどの相談に対応してくれます。子どもの託児サービスもあります（有料）。

■ひかり総合法律事務所　http://hikari-law.com/

本書の法律監修をしてくれた綱藤明弁護士の所属する弁護士事務所。再婚のプレナップや養子縁組、財産分与など、法律部分をサポートしてくれます。プレナップについては今後、ＮＰＯ法人ウインクと連携して普及させていく計画。

子連れ恋愛や再婚情報が掲載されている Ｗｅｂサイト一覧

■母子家庭共和国　http://www.singlemother.co.jp

日本で初めて誕生した、シングルマザーのためのコミュニティサイト。ＮＰＯ法人ウインクが運営。子連れ再婚をめざすシングルマザー向けに、ステップファミリー情報も掲載されています。

■子連れ再婚を考えたときに読むブログ　http://ameblo.jp/terueshinkawa/

新川てるえが、ステップファミリーとしての日常をつづっています。子連れ恋愛や再婚に成功するためのヒントを、経験にもとづいて伝えているブログです。

■ｍｉｘｉコミュニティ

「明るく楽しくステップファミリー」　http://mixi.jp/view_community.pl?id=1106466

ｍｉｘｉ内にあるコミュニティサイト。新川てるえが管理人。ステップファミリーに関する悩み相談や情報交換が行なわれています。会員数は７９１人（２０１１年5月現在）。（※利用にはｍｉｘｉへの登録が必要です）

■ａｍｅｂａグルっぽ

「明るく楽しくステップファミリー」　http://group.ameba.jp/group/NVS39Wh1iNnh/

ａｍｅｂａのサイト内にあるステップファミリーのためのコミュニティ。新川てるえが管理しています。ステップファミリーに関する悩み相談や情報交換が行なわれています。会員数は３６９人（２０１１年５月現在）。（※利用にはａｍｅｂａ会員登録が必要です）

■ＳＡＪ（ステップファミリー・アソシエーション・オブ・ジャパン）

http://www.saj-stepfamily.org/renew/

本書にも何度か登場しているＳＡＪは、ステップファミリーを支援する民間非営利組織です。定期的にステップファミリーのためのワークショップ「リーブス」や交流会などを開催しています。

■継母倶楽部　http://sns.stepmother.jp/info.html

継母だけで構成されているＳＮＳ（ソーシャル・ネットワーキング・サービス）。会員制なので、登録している継母同士しかブログの閲覧ができない仕組みです。安心して相談したりグチったりできる場所です。（※利用には参加申込が必要です）

■にほんブログ村　再婚・ステップファミリー人気ランキング
http://family.blogmura.com/saikon/
ステップファミリーをテーマに書かれているブログが登録され、人気ランキングを争っています。上位に掲載されているブログは、どれも読みごたえのあるものばかり。

■ウィメンズパーク　http://women.benesse.ne.jp/
ベネッセコーポレーションが運営する日本最大級の女性口コミサイト。口コミ検索に「ステップファミリー」と入力するとたくさんの投稿があります。会員登録して自分の悩みを投稿することもできます。

■ａｃｃｈａｎ．ｃｏｍ　恋愛お見合い　http://www.acchan.com/
シングルマザーの婚活を応援してくれるサイト。ＮＰＯ法人ウインクと協働でシングルマザー向けの出会いパーティも開催しています。サイト内には新川てるえ執筆のステップファミリーになる心得コラムが掲載されています。

新川《しんかわ》てるえ

NPO法人Wink理事長
家族問題カウンセラー

一九六四年、東京都生まれ。十代でアイドルグループのメンバーとして芸能界にデビュー。その後、二度の結婚・離婚経験を生かし、九七年十二月よりインターネット上でシングルマザーのための情報サイト「母子家庭共和国」を主宰。二〇〇二年、NPO法人Winkを設立。子どもの健全育成と家族問題に悩む女性の自立支援活動を開始する。シングルマザー・コメンテーター、家族問題カウンセラーとして、雑誌やテレビなどで発言。

『子連れ離婚を考えたときに読む本』（日本実業出版社）、『シングルマザー生活便利帳』（小社刊・共著）ほか、著書多数。

子連れ再婚を考えたときに読む本

二〇一一年六月二十日　初版印刷
二〇一一年七月十五日　初版発行

著者……………新川てるえ
装丁……………佐藤和泉子
装画……………ノグチユミコ
編集……………大塚玲子（OH事務所）
発行所…………株式会社太郎次郎社エディタス
〒一一三―〇〇三三
東京都文京区本郷四―三―四―三階
電話　〇三―三八一五―〇六〇五
FAX　〇三―三八一五―〇六九八
http://www.tarojiro.co.jp/
印刷・製本……シナノ書籍印刷
定価……………カバーに表示してあります。
ISBN978-4-8118-0745-4　C0036

●本のご案内●

ステップキンと7つの家族　再婚と子どもをめぐる物語

ペギー・ランプキン＝著●中川雅子＝訳●永田智子＝絵

親の離婚に悩み、再婚家族との新しい生活にとまどう子どもたちに、妖精ステップキンが語りかけます。「キミが悩むのは当然だよ。でも、きっとうまくやれる方法があるよ」と。ステップファミリーのための７つの童話と大人向けガイド。挿画50点とともに。●A5判●本体1700円＋税

会えないパパに聞きたいこと

新川てるえ＝文●山本久美子＝絵

「ママとパパ、どうして別れたの？」――それがいちばん聞いてみたいこと。ひとりでがんばるママ、離れて暮らすパパへ伝えたいメッセージ。さまざまな葛藤を乗り越えながら、ひとり親家庭の子どもが大人になっていくプロセスを、羊たちの童話的世界のなかに描きだす絵本。●B5変型判●本体1500円＋税

シングルマザー生活便利帳　ひとり親家庭サポートBOOK

新川てるえ＋田中涼子＝著

不況のなか、女手ひとつで生活を支えるシングルマザーの毎日は不安でいっぱいです。そんな女性のために、経験者である著者らが、実際に使える情報を集めました。お金と暮らし、子育ての悩みに答えます。相談窓口や制度申請方法まで、実用情報満載！●A5判●本体1500円＋税

離婚後の親子たち

氷室かんな＝著

離婚後の親子関係、みんなどうしているの？　元夫・元妻・子ども、それぞれの本音は？　再婚後の親子関係は？――会えない親子、訪ねあう親子、共同子育てをする元夫婦。9の離婚家族への聴きとりを重ねた、「新たな離婚後」を探す旅。●四六判●本体1800円＋税